男が“手放せない女”になる 39の法則

絶対

あるブロックを外すだけで恋はうまく回り出す！

恋愛コーチ
Tao Kaori

大和出版

はじめに　恋愛の歯車を狂わせる「厄介者」を知っていますか？

自分が大切に思っている人と幸せになりたい。心地いい関係を築きたい――。

あなたは、こんな前向きな願いを持って、この本を手にしてくれたと思います。

この本には、私が日頃、恋愛セッションやワークショップなどでお伝えしている、「恋愛成就」のエッセンスがたくさん詰まっています。

まず、あなたに質問です。あなたは今、「素敵な人には出会えるのに、その先に進めない」「出会ったとしてもなぜか長続きしない」「結婚を決断してもらえない」等々、「恋の迷路」に迷い込んでいるのではないでしょうか？

あるいは、悩んだ末に、占いや友人、家族などのアドバイスを聞くことで、一時的には癒され励まされるものの、結局は解決策が見いだせないまま同じパターンを繰り返してしまっている――。そんなことはありませんか？

私もかつてはその1人でした。これまで何度も辛く苦しい思いをしてきたものです。だからこそ、このような状況から一刻も早く脱出してほしいと願っています。

私は過去の自分を振り返り、また、現在私の恋愛セッションを受けられる方々を見て、みなさんが恋愛でつまずいてしまったり滞ってしまう原因に、共通点があることに気づきました。さらにそこには、年齢や経験、独身・既婚などといったことは、まったく関係がないということにも。

では、その共通点とは何か？　それは、恋愛関係を育むときに発生する「期待」です。期待という言葉は通常よい意味で使われがちですが、実は恋愛の歯車を狂わせてしまう、厄介な「暴れん坊将軍」でもあったのです。

あとで詳しくお話ししていきますが、たとえば、あなたは思いを寄せる彼との「未来」

について考えてばかりいませんか？

また、彼のイメージを勝手につくりあげてしまう、つまり「幻想の彼」を仕立てあげてしまうことはないでしょうか？

これらはすべて「期待」からうまれたもの。この「期待」というものは、恋愛関係を育む過程の中で、無自覚のまま高くなっていくという性質があり、うまくいく恋さえダメなものにする厄介なものだったのです。


とはいえ、「期待をやめることなんてムリに決まっている」と思われる方もいることでしょう。

しかし、過去の私も含め、じつに多くの女性が、たくさんの期待と実際の現実とのギャップに苦しみ、それが彼にも悪影響を及ぼし、結果として恋愛がうまくいかないという事態を招いているのも、まぎれもない事実なのです。


そこでこの本では、そんな厄介な存在である「期待」について、あなたの中でどう扱い、どう対処し、どう整理していけばよいのか？　また、どうすれば大切な彼との恋が成就するのか？　さらに彼にとって、あなたが「手放したくない存在」になれるのか？　その秘訣をあますことなく明かしていきます。

実際、この方法を取り入れたことで、私自身も本当の幸せをつかむことができましたし、セッションを受けた女性たちからも、「彼との関係が好転した！」「プロポーズされた！」など嬉しい報告が次々と届いています。


私の記憶の限りでは、これまで「期待」をテーマにした恋愛本はなかったと思います。だからこそ、「さらに多くの方のお役に立ちたい」という一念でこの本を書きました。

そして、この本がきっかけで、２人の関係が深い絆で結ばれることを心から願っています。

準備はよろしいでしょうか。

それではさっそくスタートしましょう。

恋愛コーチ　Ｔａｏ　Ｋａｏｒｉ

男が絶対〝手放せない女〟になる39の法則　目次

第*1*章

こんな女に男は内心辟易していた!?

彼の気持ちを遠ざけてしまう7つの落とし穴

第2章 形にとらわれなければ距離は自然と縮まる

彼の心に変化があらわれる振る舞い方

第3章

こうして彼はあなたを手放せなくなっていく

〝期待する関係〟から〝与え合う関係〟に

第4章

さぁ、本当の幸せをつかんでいこう

2人がずっと一緒にいるために必要なこと

エピローグ

恋も人生も すべては思いのままになる

本文レイアウト……齋藤知恵子

プロローグ

彼への期待を〝ほんの少し〟調整するだけで今よりずっと幸せになれる！

なぜ、あなたはその恋に疲れてしまったのか

●あんなに幸せな毎日だったのに……

「はじめに」でも少し申し上げましたが、彼に対して「期待」があると、恋愛がうまくいかなくなってしまいます。

しかも恋愛していく中で「期待」というのは、気づかないうちに膨らんでいきます。そしてそれはどんどん高くなってしまうものです（期待にもいろいろありますので、本文中では「高すぎる」という表現や、「誤った」という表現を使っております）。

では「期待」があると、なぜ、恋愛はうまくいかないのでしょう。

そこには3つの現象があらわれてくるからです。

それは、「制限」「束縛」「負担」。

これらは、期待が原因で引き起こされるブロックであり、本当の幸せをつかむことを不可能にしてしまいます。

そこでまず、「制限」についてお話ししていきましょう。

たとえば、好きな人ができたり、恋愛がはじまると、はじめは皆さん、「楽しい」「嬉しい」というエネルギーで満たされ、「ワクワク波動」が上昇しますよね！

すべてがキラキラと輝き出し、「人生って素晴らしい〜」とスキップしたくなるかもしれません。

ですが、その幸福感もつかの間。ほとんどの女性にいえることなのですが、次第に、彼と出会えた喜びや、ワクワクときめく情熱など、「恋愛の醍醐味」に意識が向かなくなっていきます。

そして3か月もたつと、「彼が好き、恋愛を楽しむ、パートナーシップを育む」という本来、大切にするべき意識が薄れてくるのです。

ギクッときた人〜？（笑）。

その結果、

「今、彼に恋している〜!!」

「彼と一緒にいられて、楽しい〜」

「ワクワクする〜!」

という気持ちを感じにくくなり「幸せ不感症」がはじまります。


では、なぜ、こうなってしまうのでしょう?

●勝手な未来予想図から起こること

たとえば、こんなことを思っていませませんか?


「彼とクリスマスはどんなふうにすごそう?」

「誕生日は?」

「今日の夕ご飯はここに行きたいから、17時に家を出なきゃ」

「結婚するのはいつ？」

「彼は出世願望あるかな？」

「親と仲良くしてくれるかな？」

「ずっと好きでいてくれるかな？」等々、
あなたはこのようなことが、「彼を好きである」証であり、イコール「彼のことを思っている」とお考えではありませんか？

ほとんどの女性はこういった思考パターンに陥ってしまい、「幸せ不感症」になってしまうのですが……。

愛のビンタです！　お嬢さん、目を覚ましなさい！

まあ、かくいう私も3回目の結婚を果たすまで、「幸せ不感症」で入院していました。

そして、先ほどの例はほんの一部ですが、実はこの状態に陥っているときのあなたは、彼といても、頭の中が「未来予想図」で埋め尽くされてしまっています。

いつも意識が未来にいき、彼との会話や話している内容、触れ合う雰囲気、心の機微など、今、彼と起こっている目の前のことに集中できていない状態になります。

つまり「あなたは今を楽しんでない」ということです。

もし、楽しんでいるとしても、意識の6割は未来のことで、目の前のことには4割くらいしか意識を向けていないかもしれません。

こうなってしまうと、あなたは、

「自分本位《ほんい》な2人の未来予想を考え計画し、まっとうするのが恋の目的」となり、計画どおりにいくのが「2人の恋愛の楽しみ」だと勘違いしてしまうのです。

ですが、未来にばかり目を向けることは、狭い価値観の中で生きることになり、選択肢の幅が限定されてしまいます。さらに、ゴールまでのプロセスやさまざまな経験に「制限」をかけてしまい、結果的には恋愛が楽しめなくなってしまうのです。

期待が苦しみに変わる瞬間

●あなただけのルールをつくっていませんか

次は期待がうむ「束縛」です。

恋愛がはじまると相手への期待が膨らんでしまうものです。

たとえば、「食事はおごるもの」とか「週末は恋人優先にするべき」とか「ＬＩＮＥは毎日する」とか「好き」といってほしいなど。

あなたが恋愛には、「こうあるべき」「こういう言葉がほしい」などと思っていればいるほど、見えない鎖で彼を縛ることになり彼の本意が見えなくなっていきます。

たとえば、「週末は、恋人を優先するべき！」とあなたが思っていたとします。元彼が、週末は当然のようにあなたとの予定を優先してくれる人だったら、「付き合ったら他の予定より相手の予定を優先すること」が、あなたの「恋愛の常識」として無意識のうちに存在してしまいます。

そんなあなたが、週末はサッカーや野球をする彼と付き合い、ある週末、彼に、「この日はサッカーがあるから、練習後に会おう！」といわれたら、想定外な彼の言動に動揺してしまうかもしれませんよね。

また、サッカーの練習後に駆けつけてくれた彼に対して、拗ねたり不機嫌な気持ちが態度に出てしまえば、楽しいはずの2人の時間も台無しです。

こんなとき、「なぜ、私よりサッカーなの？」「サッカーのほうが大事なの？」と、思うのは、彼の行動があなたを大切にしていないように見えてしまうからではないでしょうか。

ですが、そもそも「週末は私と過ごす」というルールは、あなたと彼が同意のもとにつくった約束ではありません。あなたが1人で、しかも無意識に持ってしまったルールです。そこに「彼」はまったく介入していませんし、彼もよもやあなたがそのように思っているとは想像もしないでしょう。

そんなときは、彼の気持ちを「サッカーと私」の比較ではかろうとはしないで、「こうあるべき」という期待を自分が無意識のうちに持ってしまったがために、「苦しみ」としてとらえてしまったことに気づかなくてはいけないのです。

●失うことより得たこと

実際のところ、サッカーはしたけれど、彼はそのあとあなたの所に会いにきます。あなたの思いどおりにはならなかったかもしれませんが、彼はサッカー後にチームメイトのご飯の誘いも断って「彼女が待っているから」と、急いでやって来ているかもしれないですよね。「あなたのことが大切だから」時間をつくって来ているのです。

そのような一生懸命の彼を目の前にして、責めてしまうこともできますが、一方で、「友達とサッカーの後、ご飯とか行かなくてよかったの？」と配慮の言葉を伝えることもできます。

予定が崩れたことで、あなたは、何かを失っているように思えるかもしれませんが、「彼と週末会う」という目標は達成されていますし、少しでも会おうと努力する彼も感じることができています。

本来なら、「失う」より「得た」ものがあることを知り喜ぶべきところなのです。

サッカーを大事にしているけれど、それ以上にあなたを大事にしている。その気持ちを行動から察してほしい……これが彼の「あなたに求めていること」です。

しかし、あなたがそれを察することができなかったら、気持ちや行動で知らず知らずのうちに彼を「束縛」するようになり、結果的に正直でオープンな関係を築きにくくしてしまうのです。

今までの常識が通じないからできることがある!?

●男性も見極めようとしていた

最後は期待がうむ「負担」です。

彼に見返りや、結果を期待して、何かを行うとします。

今までの、「男性が稼ぎ、女性は家を守る」という昭和的な感覚の男性なら、彼女の「期待」を感じても嬉しく思い、その好意に応えることに喜びを感じたり、楽しむことができていました。

しかし、経済状況や社会に対しての不安が高まっている今日では、さまざまな場面でこれまでの常識や社会的通念が通用しなくなっています。

そのような状況の中で、男性は条件に期待して好意を抱く女性に心を動かされることはなく、そればかりか、見返りや、結果を求める女性の期待値が高すぎると、「負担」や「プレッシャー」を感じてしまうのです。

また、このような理由から、男性はより心を大事にするようになっていて、女性の行動にどれくらい「純粋な気持ち」が込められているかを、慎重に見極めようとしています。

実際、女性の「見返り」を感じた途端、嫌な気持ちになる人も非常に多いです。その愛を偽物と思い、まるで罠にはまったように感じるのです。

お金持ちの私の知人男性は、「お金」で寄ってくる女性かどうかを選別するために、はじめは高級な食事には連れて行かずチェーン店に行くといっていました。

男性も本物の愛を見極めようとしているのですね。

●こんな女性が恋愛成就にいたっている

一方で、恋愛成就しやすい女性の共通点を見ていると、愛情やプレゼント、褒め言葉や喜びなどを彼に一方的に与えています。

それは「やりたいからやる。いいたいからいう」という、常に自分軸で自己完結型の

「愛を与える」行為ですので、決して相手の負担にはなっていません。

男性は、見返りなどといった、相手への期待値が高い女性には、「操作」と「違和感」を覚え、「負担」を感じますが、それがない女性には、「許容」と「無条件の愛」を感じるのです。

つまり、彼に対しての余計な期待値が低ければ低いほど、女性は「無条件の愛」を与えることができ「無条件の愛の波動」が、彼の中にある「愛」にしっかり共鳴していくのです。

その先に幸せは待っている

●無意識だから難しい

ここまで、努力し頑張っているにもかかわらず、なぜか恋愛がうまくいかない原因についてお話ししてきました。

これらは、誰もが恋愛を育むとき、無意識に陥りやすいものばかりです。

相手に条件をつけてしまったり、
相手に一方的に求めてしまったり、
相手をジャッジしてしまったり。

これまで、このようなことが、恋のうまくいかない原因だったと想像できていたでしょうか。意識していない方もきっと多いですよね。

ここでさきほどあげた「期待」がうむ3つの現象について整理しましょう。

・制限

期待があると、「未来」を考えすぎてしまいます。

すると狭い価値観になり選択肢も限定され、そこにあるたくさんの可能性を見落としやすく、自然と「制限」がかかった関係となり、恋愛成就までのプロセスやさまざまな経験を楽しめなくなってしまいます。

・束縛

期待があると、「こうあってほしい」という、見えない鎖で相手を繋いでしまいます。

これは「束縛」の状態です。あなたは彼を尊重することができないので、彼もあなたに正直でいることが難しくなり、結果的に2人は正直でオープンな関係が築きにくくなります。

・負担

期待があると、世間の常識やあなたの価値観にとらわれ、それを押しつけることとなります。彼に責任を感じさせたり、罪悪感を与えてしまい、彼にとって「心の負担」を強いることに繋がり、あなたが重い存在になってしまいやすいのです。

これらのブロックは恋愛にとって、本当に邪魔で余計なものです。

誤解しないでほしいのですが、私は何もかも期待をするな、といっているわけではありません。

ただ、こういったブロックによって恋愛成就が難しくなっていくのも事実です。

恋愛セッションや、色々な方からいただくご感想をとおして思うのですが、日本の女性の大半は、彼への期待があることがよいことだと思っています。またそこから生じるブロックが恋愛のうまくいかない原因となり、結果として自分を苦しめ、辛いものにしていると知らないままでいる方が大勢います。

かつての私もそれが原因でたくさんの涙を流してきました。

しかし、これらのことに気づき、ブロック等が外れ自由になれた瞬間から、恋愛はうまく回り出すようになりました。セッションを受けた女性たちからも「片思いだった彼から告白された」「彼との関係がよくなった」という報告も数多く受けています。

●さぁブロックを外していこう

そこでこの本では、期待がもたらすネガティブな要素に気づき、シリアスなブロックを外すことで期待値が調整され、恋がうまくいく方法をご紹介していきます。

そうすることで、まずあなたの心が軽くなっていきます。なぜなら、今まで持っていた彼への誤った期待や、高すぎる期待値が調整され下がっていくと、余計な思考を減らしていけるからです。

すると、心の中にワクワクが増えていき、彼に対して本当の愛で向き合えるようになります。

結果、彼との関係も驚くほどよくなり、今よりもっと自由に自分らしい恋愛ができるようになっていくのです。

とはいうものの、この時点ではまだイメージができない方もいるかもしれません。でも慌てることはありません。今はそれでもよいのです。無理に変えようとか、わかったつもりになるとか、シックリこない気持ちで自分を取り繕うことや、取り組む必要はありません。

試しに「この考え方のほうが心地よいかも」と思えるものがあれば、楽しみながらやってみてください。

やっていきながら心地よければいいし、あわなければやめればいいのです。

あなたがやってみたいと思えるものはやってみて、そのなかであなたが自分で答えを見つける在り方が大事です。

なかには、これまでの恋愛観にない価値観に違和感を覚える人もいるかもしれません。

しかし、のちほど詳しくお話ししていきますが、今、時代は大きく流れ「価値観や常識」がゆっくり変わりはじめているということです。

今までの世間的な常識や固定観念の中で、「幸せ」を見つけだすのではなく、「あなたの中の直感」や「ワクワクした喜び」にそった恋愛を「自分軸」でしていくことが、「幸せの鍵」に必ずなります。

常識や他人の評価は、もう関係ありません。あなたの感じていることを大切にするのが「本当の幸せ」への近道です。

今までの幸せのやり方だけでは、「もう、満足できないこと」を私たちは潜在的に理解しはじめていると思います。

これからは、あなたが「したいからやる」をもとに、心に聞きながら決断し楽しみながら進んでいくのです。

ここで、次章に入るまえに、ものすごい秘密を明かしましょう。

それは、あなたの彼への期待値が下がっていくと、彼のあなたへの期待値が上がっていくということ。

なぜなら、「期待値」が下がることで、あなたはワクワクした状態が増えます。そして
そのワクワクは、あなたを輝かせるので、彼には魅力的に映ります。

すると、もっとあなたのことが知りたい、2人のことを真剣に考えていきたいという彼自身の中のワクワク感が刺激され、彼の期待値が上がっていくのです。

これは、実にシンプルなことでもあります。

それではさらにくわしくお話ししていくことにしましょう。

第1章

こんな女に男は内心辟易していた!?

彼の気持ちを遠ざけてしまう7つの落とし穴

言葉をほしがる女には男は辟易している

●その気持ちの奥にはどんな思いがあるの？

プロローグをお読みいただき、恋と「期待」との関係や、ブロックを外すことで恋愛がうまくいくことについて、なんとなくおわかりいただけたことと思います。そこで本章では、これらを踏まえたうえで、２人の仲を遠ざけかねない落とし穴――「期待」をどう扱っていったらよいのか、基本的な考え方についてお話ししていきます。

大好きな人がいたり、実際にその人とおつきあいをしている女性であれば、彼との未来や、彼があなたに対して何を考えているのか聞きたくなりますし、求めたくなりますよね？

ですが、彼との未来を本気で考えているのであれば、無邪気に未来を感じさせてしまう言葉をほしがったり、未来について確認してしまうのは、「望む未来」から遠のくことになるのでおすすめしません。

プロローグでも少し申し上げましたが、ここではそれがあなたの気持ちを苦しめていくことについてお話ししていきましょう。

「え〜〜っ、２人の未来に対しての彼の気持ちなんて、聞きたいに決まってるじゃない！」と反発したくなるかもしれませんが、どうぞこのまま読みすすめてください。

彼に「未来や、彼から見たあなたの存在価値」などを聞きたくなったとき、あなたの気持ちの奥にはどういった思いがあるのでしょう。

ほとんどの女性が「未来に対してなんらかの約束がほしい」という思いから、「将来一緒になるつもりがある」や、「大切な存在だ」というような、理想的な答えを期待して質問をしています。

しかしそれはあなたにとって、少し危険であり、相手にとっては苦しみです。

たとえば、あなたは「どんな答え」が返ってきてもまったく気にしない強さがあるでしょうか。

あなたが聞きたい答えを心待ちにして聞いたのに、「今は結婚を考えてない」「好きだし楽しいから一緒にいるだけだよ」「なんで、そういうことを聞きたいの？　一緒にいるからわかるよね」など、あなたの期待とは違う答えが返ってくることも考えられます。

その場合、あなたはたちまち心配や不安に襲われ急に腹立たしくなってくるか、急に悲しみのどん底に落ちていくか、どちらにしても、完全にあなたは「怒り」や「悲しみ」などのネガティブな渦にのまれてしまうことでしょう。

そして、２人の間にはせっかくのデートなのに重い空気が流れます。彼からすれば、あなたに聞かれたからいったのに「ごめん」といわせなくてはいけないような罪悪感を与えてしまったり。あなたが怒りで責めていれば、彼も不機嫌になったり、その日のデートが台無しになってしまう可能性もあります。

さらにそのまま2人は仲直りできずに別れ、気まずいまま、この日のデートは「楽しくないデート」で幕を閉じるのです。

●2人の状況は何も変わっていない

厄介なのはこの後です！

彼のいった言葉を時間が経つほどに忘れていければいいのですが、むしろ逆で、彼の、「今は結婚できない」といった「想定外の言葉」に女性はとらわれ、その言葉に「執着」し、それが頭から離れなくなります。すると不安や心配といったネガティブスパイラルから抜け出せなくなるのです。

ここで注目してほしいのは、現時点で「2人の状況」は何も変わってないということ。別れたわけでもないですし、別れ話が出たわけでもありません。

それなのに、「彼との関係に苦しむ思考」があなたの頭の中を占めるようになってしまうのです。

この現実を引き寄せた原因は、「彼は私にとってどんな存在なのか。将来をどう考えているのか」という不安が前提にあったこと。その不安を拭うための返事を待っていたことにあります。

そこに自分の想定外の言葉が返ってくるというリスクを、考えられてはいません。

一方で、「こんな答えが返ってきてほしい、こんな答えしか受けつけません」という、答えの幅に制限を与えた状態だと、その窮屈な感覚に相手も違和感を覚えます。

そもそも言葉には未来を約束した保証はありません。

たとえ、女性が満足できる答えが返ってきたとしても、それは「将来への希望を繋ぐための気休め」であって、その「気休め」は、その場しのぎの言葉でしかないでしょう。

あなたの質問に彼が答えられなかったとしても、彼は、「今は答えられない」というだけなのです。

彼は「今は答えるのが無理」というだけで将来はわからないということ。

こういったケースは非常に多いのですが、もしあなたもそうであるなら、彼があなたの「目の前にいる」ことに幸せを感じて、彼の言葉ではなく行動から愛を感じることをはじめてみませんか。

やってあげる感の裏にある怖いもの

●大抵失望で終わってしまう

あなたは、「プレゼントを贈る」「料理を作る」「食事をおごる」など、なんでもいいのですが、何かを彼にしてあげるとき、「こうしたら、こんな反応が返ってくるだろう」「こんな結果を得られるだろう」と、期待を抱きながら好意やプレゼントを贈ったりしていませんか。

ですが、純粋に「やりたいから、やる！」ではなく、結果への期待を心の奥に抱いて「行動する」場合、大抵は失望感を味わうことになるのでやめたほうがよいでしょう。

「100%自分がやりたいからやる！」で、それを楽しむ。そして結果は考えない。やっても楽しくないことはやらないほうが絶対にいいのです。

よく陥りがちなのが、「結婚」したいから、「恋人」になりたいから、「評価」がほしいから、など限定した結果を期待しながらの行動。これらは要注意です。

この場合、思いどおりの結果や反応が得られなければ、落ち込んだり、怒ったり、「酷い！　最低！」と相手のことを思ってしまい、ネガティブな感情がうまれます。

でも、客観的に考えると原因は「あなた」にあるともいえます。

●彼は本当にケチなのか

「彼は本当に酷くて、最低で、嫌な人間なのでしょうか」

セッションでもよくこんな質問を受けますが、彼を、そのようにつくりあげてしまったのは、あなたの行動理由に「結果を期待する」という考えがあるからで、実際に彼がそんな人間ではないことはとても多いのです。

一方で、そのようなことをいってしまうあなたは、「やってあげている感が満載」で「見返りを期待した、おしつけがましい良心」があり偽善的になっています。

言葉はよくないイメージですが、あなたに気づいてほしいので、あえて厳しめで愛のビンタを送ります。

だからこそ偽善的プレゼントではなく、「無条件の愛」。次項でお話ししますが、「ギブ&ギブ」精神でプレゼントを渡しましょう。

偽善的でいると本当に自分自身が疲れてしまうものですよ。「ほしい結果が得られない」ときに、いつも損した気持ちになりますしプロセスを楽しめません。

そして結果だけを見て、「今までの努力や、行動はなんだったの?」。「こんな結果になるなら、やらなければよかった……」と損得勘定で状況を判断し、すべてを否定し、彼を悪者にしてしまいかねません。

「私はこんなにしてあげたのに、酷い、ケチ!」

と心の中で叫んだり、責めてしまうという方もいますが、

「いや、いやお嬢さん、ケチな精神になってしまっているのはあなたなのでは?」

と自分に問いかけてみてほしいのです(笑)。

彼からすれば「やってほしい」なんて頼んでもないのに、あなたが勝手にやってあげて、見返りがないと責められケチにしたてあげられたとしたら……。

こんな逆ギレを起こすケチケチ星人な女性に、男性も興醒めするかもしれません（笑）。

また、このようにせっかくの好意のプレゼントがすれ違いになることで、２人の溝ができてしまうのです。

ですが大丈夫です！　８割の女性は同じ状態です。

だからこそ、ここから気づけばいいのです。一抜けた〜と。

つい見返りを求めてしまうあなたへ

●損得勘定の関係で満足ですか？

好きな男性に対して無条件の愛を与えられれば、恋愛は楽しいだけのものとなり、喜びに溢れた状態でいられるようになっていきます。

それこそが「ギブ＆ギブの愛」。

ひと言でいうと「見返りを期待しない愛」。「ギブ＆テイク」はわかるけど、「ギブ＆ギブ」では「都合のいい女」になってしまうのでは!? と、不安や抵抗を感じる方も多いと思います。

しかし、「ギブ＆ギブ」の精神になれたとき、俗にいう「都合のいい女」には決してな

りません。

もしあなたが、恋愛初期から相手に、「これをしてくれるなら、こうします」や、「見返りがないなら、私は愛しません」というスタンスでいるとしましょう。

それは、「交換条件」の上に成り立つ「関係」であり、「与える愛は返ってくるはず」という「損得勘定で成り立つ関係」を引き寄せることになります。

●次第に相手も条件で関係を結ぶようになる

このような駆け引きの波動は必ず相手に伝わります。そして駆け引きを感じた瞬間に相手も同じ感覚であなたに接するようになるのです。

たとえば、「なぜ、俺がやらなければならないの?」「何の意味があるの?」「この前は俺がした」など、何をするにも理由が必要になり、無条件であなたに何かをすることがなくなっていきます。

また、条件ベースで成り立っている2人なので、条件が崩れたら無条件では互いを愛せなくなります。いつも条件に左右されやすく、無条件では「成り立たない2人」になってしまうのです。

あなたは好きな人に対して、このような「損得勘定のある恋愛」をしたいでしょうか？

愛と喜びに溢れる関係をあなたが望むのであれば、「愛に生きる、ギブ＆ギブ」をしていくしかないのです。見返りを期待しない愛。これができたとき、たとえどんなことが起きてもゆるぎない愛で結ばれたパートナーシップができあがっていきます。

そうすると、今度は「都合のいい女」になってしまうという心配がうまれてくるかもしれませんが、そんなことはありません。

それについては、第3章でくわしくお話ししていきますが、あなたの行動1つで、「都合のいい女」にも「いい女」にもなるのです。

こんな思考があなたを追い込んでいく

●自分で勝手につくりあげていた

あなたは「あるべき戦争」を知っていますか。多分、私がつけたので誰も知らないと思いますが（笑）、「あるべき戦争」はとても身近なところで起こっていますし、あなたの生活にも起こっているかもしれません。

あなたは、「男性だから、女性だから、旦那だから、奥さんだから、結婚したから、恋人だから」などの理由で、こうあるべきという「期待の鎖」で相手を繋いでしまっていませんか。

それ自体が悪いことではないのですが、それがあるからこそ2人の間に「摩擦や争い」がうまれやすくなってきます。

「あるべき戦争」にもつながりやすい「こうあるべき」は、幸せな関係を築きたい2人にとって本当に大切なことなのでしょうか。

そもそも、あなたの中にある、「こうあるべき」は誰がつくったのでしょう。生まれ育った環境や親や社会の価値観からの影響で、「あなたの中で芽生えはじめたもの」ではありませんか。

それらは、あなたが影響を受けた「こうあるべき」時代の女性としての価値観であり、これからの時代に相応しいものではありません。

たとえば、結婚するときの婚姻届けに「男性がやるべき『何ヶ条』」とか、「女性がやるべき『何ヶ条』」など、細かく書いてあるわけでもありませんよね。私は3回結婚していますが、見たことはありませんから（笑）。

恋人でもそうです。

「恋人だからこうあるべき」という「ルール」は存在しません。

「男女の生き方や、考え方をこうするべき」と表記されているものや、ルールは存在してないのです。

●正しいのはどっち？

結婚や同棲をすれば、生まれも育ちもまったく違う習慣で育った2人が生活するので、当然それぞれが「これが普通」と思っていることは異なります。

たとえば「朝食」は「食べる派」「食べない派」などの2人が一緒に暮らし、そこにお互いの「こうあるべき」があれば「あるべき戦争」がはじまります。

ここに勝敗をつけたくて「朝食は食べるのが健康」という医者があらわれる。「朝食は食べないほうが健康」という医者もさらにあらわれる。

お互いが「正しい論」を主張しても、「どっちが正しいか」なんてキリがないのです。「どっちも正解」なのですよね。

では、なぜ「あるべき戦争」は起こるのか。それは「正解」が1つだと思っているからでもあります。

そこにはやはり「期待」が関係してきます。どのようなものかといえば、たとえば、「分かち合いたい、好きなら合わせるべき、きっと、こうしてくれるに違いない！」などといったものです。

ここで、「彼が染まってくれるのが愛だ！」と感じているのであれば、それは違います。相手を変えようとする、変わってほしいというのは、愛ではなく支配なのです。

そんなことはわかっていると、お思いになる方もいるかもしれません。

しかし、私の経験からもいえますが、わかっていても案外、この部分につまずいてしまうものでもあります。

「あるべき戦争」を勃発させない方法はただ1つ。

「どちらも正しい」という考えのもとに、「2人の在り方」を考えていくのです。

そうすることで、過度な「期待」を相手に持たなくてもすむようになり、同時に、相手に対する思いやりの気持ちが自然と生まれてくるようになります。

等身大の相手が見えないのはなぜ？

●ある幻想が真実の邪魔をする

恋をすると、好きな男性に対して、「幻想」を抱いてしまうために、「等身大」の彼が見えなくなってしまう女性がとても多いようです。

たとえば、彼が「年上だから、シッカリしている」「お金持ちだから、華やかな生活ができる」「優しいから、家事は分担してくれる」など、彼のイメージを勝手につくりあげ、「等身大」の彼を見ない状態のところにいってしまったり。

「結婚したい」「いい年齢だから」「セックスしたら付き合えるかも」など、あなたの個人的な望みばかりに夢中になり、彼の心の動きや状況を見ようとせず彼の本意をとらえていない場合もあります。

前者は彼の「持っているもの」に対して期待値を上げ、彼の人格をつくりあげて、幻想の彼を仕立てあげてしまう。

後者はあなたの「個人的な願望」に期待して、彼自身の立場や、性格を見ようとせずに、あなただけの目的に向かって突っ走っています。

この状態では本当の相手は見えていません。

「恋人になる」「結婚する」は1人ではできませんから、しっかり相手を見ながら愛を育み、2人の自由意思によって気持ちが一致したときに、心から望む関係は成立します。

●もうフィルターはかけないで

基本的なことではありますが、相手には、相手の価値観があるのです。

さきほどの例の、「優しい人だから、家事を分担してもらえる」と期待していても、亭主関白なタイプであれば、女性が家事はすべてこなすべきだと思っているかもしれません。あなたが「年齢的に結婚できる」と期待していたとしても、彼は、「今は仕事に打ち込みたいから、結婚は仕事で一段落ついたら」と思っているかもしれません。

私達はそういった色メガネをかけることで、彼が、「実は亭主関白」「今は仕事が優先」という本意を見落としてしまいがちです。

でも大切なのは、「彼自身」が何を求めているのか、何を大事にしたいのか、何を考えているのかを感じ取るようにすること。そうすることで、2人の関係はもっと進んでいきます。

彼が何を発信しているかを、きちんとキャッチするためにも、まずは色メガネを外していくことが重要なのです。

耳を傾けるだけでわかってくることがある

●普通だったことが普通ではなくなってきた

ここまで、彼に対して抱いてしまう「期待」をどう扱っていくかという基本的な考え方について、お話ししてきました。

ここで、「期待」という言葉自体についてお伝えしたいことがあります。

これまで、「相手の期待」に応えるのはよいことだと教えられて、育ってきたかもしれません。

たとえば、親の期待、先生の期待、会社の期待……など「期待に応える」ことがよしとされ、期待をかけられることも同時に「よい」ことだと思ってきたのではないでしょうか。

それはきっと「期待する、期待に応える」ことで、人間関係を築く基盤が成り立っていたからだともいえます。でも別の面から見ると、それは人を操作したりコントロールすることでもあります。

たとえば評価を得るときに、「期待に応える」ことが普通に必要だったと思うのです。

ですが、今はどうでしょう。

「期待には応えるもの！」「期待に応えたら返ってくる」という当然だったシステムが、プロローグでも申し上げたように、今はもう、崩れてきているのです。

つまりあなたも、「期待」という概念に対して抱くイメージや意味あいを、変えていくときに入っているのです。

それは、期待に応える、期待されることが人間関係において「美徳」だった時代が、もう機能しない、終わりにむかっているということでもあります。

●必ずしも彼はそう思っていない

たとえば、現在の社会では、「年金」「終身雇用制度」「いい会社に就職すればいい人生」など、ありとあらゆることが期待どおりにすすまなくなりました。

これまで当然だった社会システムの常識が、通用しなくなってきているのです。

そんな期待どおりにすすまなくなってきた今、何が必要になってきたかといえば、「すべて個人の責任において選ぶ」ということ。

計画どおりにいくことを「期待」していては失望しやすくなります。

「なぜ？？」「どうして？」と苦しくなりやすいのです。だから、必要なのは「たとえ期待どおりにいかなくても自分はどうしたいか？」という心の声を頼りに決断するということなのです。


心の声にそう生き方やあり方のほうが、これからは生きやすく、楽しさや、幸福、満足感といったものを受け取れるのです。

恋愛も同じです。


あなたの中で「付き合ったら結婚するもの」「セックスしたら責任をとる」「もう、いい年齢だから結婚しないといけない」という、当然だった今までの「社会的通念」に期待しているのであれば、それ自体は悪いことではありません。

ですが、個人の責任によって人生を選択する時代に変化してきている中で、「社会的通念」や「常識」に依然として期待し、「恋人だから当然でしょ？」という依存的あり方や「期待に応えることは、美学であり責任です！」などと思っていても、彼のほうはそう思っていないかもしれないのです。

そのすれ違いを修正しようと相手を変えようとしてもうまくいきません。

だからこそ、あなたの心の声に耳を傾けていくことで、心地いい関係をつくっていくことが大切になってくるわけです。

期待どおりじゃないからもっと楽しめること

●与える喜びと受け取る喜び

前項の「期待どおり」とは別の角度から、もう少し考えてみましょう。

彼に対していつも期待値を高く持ち、そのうえで成り立つコミュニケーションをとっていると、彼の「与える喜び」を奪うことになりやすく、受け取る側も「受け取る楽しみ」が半減してしまいます。

そして「受け取る、与える喜び」が成立しない2人は、「サプライズ」を楽しむことが必然的に難しくなってしまいます。

たとえばですが、あなたが誕生日に、「こんなところに行って、こんなデートがしたくて、こんなプレゼントがほしいなぁ」ということを、彼に何かと伝えていたり、「友達がこんなことしたんだって！　いいなぁ〜、私も行きたいなぁ〜」などといっていたとします。

その結果、誕生日に「こんなデートがしたい」とあなたが期待していたことが実現できました。

このときあなたは、「嬉しい」とは思いますが、「ビックリ！　感動する！」という喜びの境地までは達しないと思うのですがいかがでしょう。

予想どおりの結果や展開で受け取る喜びは、どんなイメージですか。

●合理的でいると感じられないもの

私達は期待どおりに進むことは安心できて、「よい」と感じている反面、未来や結果がすべて思いどおりにいくとわかってしまうのは、「味気ない」「つまらない」「ワクワクが半減する」、感動を呼ばないと感じているはずです。

私達は「心」を持った動物。そのような人生では、「心に響く」感情の醍醐味は味わいにくいのです。

「喜怒哀楽」を人生において堪能し、感情を感じることが、「生きる喜びや幸せ」となり、リアリティに繋がっている……と潜在的にはわかっているのです。

ある女性の話ですが、今までの彼氏は、なんでも期待に応えてくれ、何不自由がなかったのに、なぜか心が満たされなかった。その後、まったく「期待に応えよう」としない男性と出会い付き合いはじめたものの、今までの彼であれば当然してくれたことをしてくれない。仕事も忙しく、誕生日の日も祝ってはくれなかったそうです。

ところが、「私のこと、好きじゃないのかな」と悩んでいたある日、「誕生日だったよね**？**」とプレゼントを差し出してくれたものが、以前デートしたときに彼女が「可愛いね**！**」と見ていたピアス**！**

彼女の今までの彼氏は、すごく高いものや、レストランなどの予約やセッティングまでしてくれていたのに、なぜかこの彼のプレゼントのピアスに初めて「喜び」を味わったといいます。

つまり、相手に対しての余計な期待値が高すぎると、私たちは「喜び」にも制限ができてしまいます。

一方で、条件なく相手を好きでいられれば、たくさんの出来事も「サプライズ」と楽しめ、喜びも何倍も増幅し、２人だけのオリジナルの感動を創りだせるのです。

次章以降からは、あなたが自分らしい恋を育むために、それを妨げるブロックを外しながら、「期待」を調整していくための具体的な方法について、時系列でお伝えしていくことにしましょう。

第2章

形にとらわれなければ距離は自然と縮まる

彼の心に変化があらわれる振る舞い方

デートがうまくいかない原因は女それとも男？

●理想を思い描いてばかりいると……

彼と初めて食事に行く、デートをする、交際がはじまろうとするときなど、さまざまな場面において、「こうあってほしい」や「ああしてほしい」など色々な理想があるのではないでしょうか。

「こんなふうだったら、いいなぁ、嬉しいなぁ〜」と理想を持つのはもちろんよいのですが、「こうでなければならない」と強い期待を持ってしまうと、「デート」も楽しめなくなってしまいます。

実際、私のクライアントの女性でも、「男性はごはんを奢るべき」「割り勘なんてありえない」「男性は彼女を大切に思うなら、家まで送るのが当然の行為だ」という、強いこだわりを持っている方がいました。

そんな彼女の相談内容は、
「彼のことは大好きで話もおもしろくて、また会いたいと思ったし、すごく優しい。でも『割り勘』だった。どうしてもそれが頭の中でひっかかる」
というもの。

でもそれ以外は「完璧」だというのです。

別に私は「割り勘」を推奨しているわけではありません。ですが、他の部分で心が満たされているのなら、「割り勘」で1000円をたとえ払ったとしても、それ以上のお金に変えられない「喜び」のギフトを受け取っていますよね。

●愛せる部分がクリアしていれば今はOK！

私自身も以前は、男性は奢るべきという理想を求めていたので気持ちはわかるのですが、奢ってくれる人イコール大切にしてくれる人かどうかは別です。

もっとも大切な点は、彼の雰囲気、性格、価値観。

そこがあなたにとって「愛せる部分」であるのなら、条件的な部分で彼に失望するのではなく、たとえ割り勘でも、今は「彼は収入も大変だし仕方ないか、出世したら奢ってくれるかも」と自然と思えてきます。

たとえ今はあなたの思い描くデートの理想の30％に見えても、「彼が好き」だとすれば、それは素晴らしい出会いですし、さらに大切にされているのであれば、理想的なデートは未来にとっておけば実現可能なのです。

行動しなくても気持ちは必ず伝えられる

●傷つかないけど何もない

好きな人に対して「こう思ってほしいな」「こういってほしいな」とか、「迷惑だったらどうしよう」と、相手の反応を気にしすぎて、何もできなくなってしまうことはありませんか。

たとえば、反応が怖くて、会話もあたりさわりなく、相手のことが知りたくても、そこに触れることができないとき。

「○○といって、断られたら……」

「○○といって、気があると思われたら……」

など、そこにはさまざまな理由があると思います。

ですが、あなたが、「こんな答えが返ってきてほしい」と勝手に期待して、それ以外は受け入れない、傷つきたくないから「何もしない」というのでは、「傷もつかないかわりに、何も進展なし」です。

進展したいのであれば、まずは「自分はどうする。どうしたい？」と自分の気持ちだけでも「正直に認める」ことが必要です。

行動はしなくてもいいのです。「気持ちだけ」でいいのです。曖昧な気持ちや受け身な状態では、いつまでたっても彼の心は動きません。

私たちはあなたが信じるか信じないかは別として、エネルギーを常に発信しています。あなたが自分の気持ちを認め、「愛」というエネルギーを発信するだけで、言葉を伝えなくても「愛を感じさせる、愛のエネルギーを伝える」ことは感覚的にできるのです。

●ちょっとした発信で関係に進展が！

あなたは男女限らず「この人素敵だな」「この人なんだか嫌な感じ」とか、初対面の人でもその人の雰囲気や性格を感じますよね。そうやって、私たちは「意識している、いない」にかかわらず色々なものを感じているわけです。

ですから「彼が好き」というのは、言葉ではいわなくても発信し伝えることはできますし、その「愛」のエネルギーが彼の心に届き、彼の気持ちを動かしていくことも可能です。

受け身な状態では発信も行動もできません。

そして、「傷つきたくない」という視点で生きていれば、「好きな人に何かを与える」ということも自然にできなくなってしまいます。

守る生き方が悪いのではなく、守ることだけに意識が向いていて、あなたの気持ちを伝えることができないのは、とてももったいないことです。

「言葉で好き」と直接いわなくてもいいですから、ただ「彼と一緒にいたい」という気持ちや、「彼が好き」という気持ちを、自分自身の中でしっかり認め、「彼といると楽しい！」「時間があっという間に過ぎていく」「ホントに凄い、尊敬する」といった、彼を人として「好き」ということを行動や言葉にできるのなら、あらわしてみるのです。

恋愛的な言葉では、相手に対して期待や負担を感じさせてしまうかもしれませんが、人として「好き」と正直に思う気持ちなら、それは1人の男性として褒められて嫌な気持ちになる人はいません。むしろ嬉しいのです！

あなたのちょっとした行動や発信を、よりよい形にしていく準備となるのですから。

記念日を拠り所にするのは危険

●もっと安心できること

付き合って間もない頃や、まだ関係性が不確かな時点で、誕生日やクリスマスをあの人と「祝いたい」と思うのは楽しいことですよね。

ですが、「誕生日」や「クリスマス」にあまり価値を置きすぎず、期待値を高くしないほうが、2人の中ではよい場合がとても多いのです。

もちろん、記念日は1年の月日の中で楽しく盛り上がり、2人だけの儀式やお互いへ感謝をあらわすイベントとして、とても大事なのは間違いないのですが、これもやはり期待を持ちすぎて、2人の関係の拠り所みたいになってはよくない、とお伝えしたいのです。

記念日もとても大事なのですが、毎日の中にも、たくさんの言葉や行動のギフトを彼か

らもらっているはずです。

あなたにとっては「当たり前」と思ってしまう、ささいなことかもしれませんが、そのささいなことが、あなたを毎日安心させてくれて幸せを実感できる、「大事なこと」でもあるのです。

たとえば、毎日メールや連絡をくれる。ちょっとしたときにあなたが好きそうなお菓子や雑貨をプレゼントしてくれる。

いつも迎えに来てくれる。落ち込んだり気分転換がしたいときには、「映画」や「遊園地」や「美味しいごはん」に誘ってくれる。

どんなに忙しくても、ちょっとだけ時間をつくろうとしてくれるなど、今「当たり前」に思っているたくさんの言動や行動が、彼からのギフトだったりするのです。

男性は女性のことを大切にしていないわけではなく、仕事に忙殺されてしまって、たまたま記念日を忘れてしまい、時間がかけられないことも多々あります。

そのとき彼は悪いなとは思っていますが、内心ではイベント日に重きを置かれるよりも、日々の中で大切に思っていることを見てくれたら嬉しいと思っているようです。

これは取材をとおして知った多くの男性の本音でもあります。

●イベントがプレッシャーになってしまう

記念日を期待しないことのほうが難しいかもしれませんが、その期待のせいで、思うようにいかないことに腹を立てたりネガティブになってしまうのであれば、

「祝ってくれたら嬉しいけど、祝ってもらえなくても、私は毎日、愛を感じている」

と意識することで、ネガティブにならずにいられます。


一瞬は「もぉ！」と思って腹立たしくなると思いますが、それでも全然いいのです。

そこからは、ネガティブのスパイラルに入っていかずに、一瞬は嫌な気持ちになっても、
日々の彼とのことに意識を向ける。

すると次第に冷静になり、「あっ、私は充分に幸せ、何にそんなに怒っているのだろう」

と客観的になっていけます。それでOKなんです。

女性は、形やイベントを「愛の証」と勘違いしてしまいやすいのですが、「形」にこだわると「本当に大切なもの」を見過ごしやすくなる「罠」にはまってしまうのでご注意です（笑）。

また、イベントに重きをおいてばかりでは、「長い目でパートナー」として見るときに、「イベントがないと幸せじゃないのか……」と男性のプレッシャーにもなります。

男性は仕事や趣味や、やりたいことに向かって、日々エネルギーを注いでいます。恋人のことをわざと忘れているわけではないのです。

女性はとかく恋愛中心な思考になりがちで、恋愛が人生の優先順位として高いですが、男性は恋愛だけでなく「仕事」や「趣味」が人生の楽しさに優先順位として少し高かったりするだけです。

女性のように、「いつも、いつも恋人のこと」で頭がいっぱいになっているのではありません。

もしお付き合いしているのならば、関係性が深まっていることは事実なのですから、もっと彼を信じるのです。

あなたが思っているよりも、彼はあなたを大切にしているかもしれません。

彼のやりたいことや仕事を理解できれば、あなたも記念日にとらわれていた視点から解放されて、大切にされていることにきっと気づけることでしょう。

メールの言葉と文字数と愛情との関係性

●伝達手段に愛を込めていませんか

メールやＬＩＮＥがコミュニケーションツールとなっている今日。彼との日々のコミュニケーションでは、こんなことが起こります。

たとえば、あなたが50文字書いて、色んなことを盛り込んで彼に伝えているのに、彼は「よかったね！」とか「了解！」という返答だったり、既読になったのに返信が遅く、すごく時間があいて、返ってきた返事がひと言やスタンプだけ。送ったＬＩＮＥにはまったく関係ないことが書いてあったり。

すると、「彼は冷たい、無視されている、私と会いたくないのかな、興味がないんだ」などと思えてしまったりしませんか。

ですが、これは「悪く考えすぎ」です。全然気にしなくていいこと！

女性にとって、ＬＩＮＥやメールは、恋愛コミュニケーションツールとしてとらえているので、絵文字を使ったり喜怒哀楽が伝わるように送ります。

一方で、男性にとってメールやＬＩＮＥは、ただの伝達するためのツールでしかなかったりするのです。

そこに感情を込める必要性を感じていない男性が、とても多いのです。

●以上でも以下でもない

女性はメールやＬＩＮＥで、四六時中繋がっていたいのですが、男性は会って話せばいいとか、仕事が終わったらとか一段落したらとか。２つの案件を同時にするのがもともと難しい脳の仕組みもあったりして、とにかく端的に伝達や確認だけ相手に伝えよう！と考えます。

ＬＩＮＥやメールへの価値観やエネルギーの注ぎ方が、女性とまったく違うのです。

もちろん女性性が強い人やマメな人もいますが、それは稀です。

また、はじめは「マメ」だったのに、という人もいると思いますが、それも当然の流れなのです。

男性は1点集中型で、エネルギーを2つのものに注ぎにくい。この場合、当初マメだったのは、彼が1点集中型であなたを「射止めたい、好かれたい！」と頑張っていたからです。


「付き合ったら減った」と感じる場合は、あなたへのアプローチの仕方が変わっただけで、2人の関係が次の段階に進展したというだけです。

表現の仕方が変わっただけで、愛情は変わっていません。むしろ、信頼関係がうまれ、愛情は増えていることが多いのです。


彼にとっては「了解！」「よかったね！」だけでも、仕事中などであれば、忙しい中に返信してくれていることに目を向ける。

「よかったね！」はそれ以上でも以下でもないので、嫌われているなどという深読みはやめましょう。

複雑に考えすぎることなく、「忙しいのね。頑張って～」と、安心して、一方的な応援の愛のエネルギーを送ってあげてください。

私はスケジュールが流動的な彼や、男性の友達もいましたが、「来月の予定？　そんなの先過ぎて、決められない」という男性がほとんどでした。

また、「会おう、会おう」といっても1か月先まで会えないこともありました。

それでも「会える現実」が常にちゃんとあり、会えるときは「やっと会えたね！」というような気持ちで今を楽しむことで、確実な関係性をつくっていけました。

彼の行動だけを見ることで、あなたは不安にならずに感謝や幸せを感じることができます。

「いつも忙しい中返信くれてありがとう！」と、まずあなたが、愛を持って彼に感謝してください。そんなあなたの姿を見て、彼はあなたへの「愛と感謝」が膨らんでいくことでしょう。

思わず魅力を感じてしまう女の共通点とは？

●だから必要以上に苦しくなる

先ほどのメールもそうですが、恋愛がはじまると、１００％に近いほど、女性は「シリアス」になり苦しみ、その恋を楽しめなくなってしまいます。

恋愛自体は、あなたの生活に「喜び」を与えてくれる人生においてとても大切なことなのに、彼に対してつい求めてしまう理想への幻想が、今の自分を苦しませてしまっているのかもしれません。

ですが、期待自体はしてしまうものですし、それ自体が「良い、悪い」ということではありません。

相手に求める期待値があまりにも高すぎるために、色々なバランスのよくない状態を招き、苦しく思えてくるのであって、今、苦しく見えている恋愛をちょっと俯瞰して見ることができれば、こっちのものです。

「あれ？　私、今幸せかも？」とたちまち喜びを感じることができるでしょう。

私自身の話で例をあげます。私自身も相手に対する期待値が高い人間で、苦しむことが多くありました。

そして今の旦那さんと結婚する前、

「私達には未来があるのか？　彼が他の女性と別れてくれるのか」

と、答えの保証がないと不安でどうしようもなくなり、聞いてしまっていました。

第1章の冒頭で未来についての話を申し上げましたが、実は私自身もそうだったのです。

●それはあなたの言い訳でしかない

そのときこういわれました。

「今、聞かれるなら、答えは、別れない！」と。

「ガーン……撃沈」（↑私の心の叫び）（笑）。

すると彼はいいました。

「今、聞かれたら『別れない』としかいえないけど、それは君が聞くからだろ？『別れない』からといって、君を好きじゃないとか、愛してないとはいってない。『こうやって、今、会っている』ことがすべてだろ？」


一見厳しく感じる状況かもしれませんが、私は彼の言葉に、本質的なメッセージとしての愛を感じたのです。


また、男性達に彼らから見て「魅力を感じる」のはどんな女性なのかを聞いたところ、口を揃えて、「今の自分に興味を持ってくれている人」「そのままの自分を受け入れてくれる人」といいました。

これはいいかえると、「未来を計算しすぎず、今の彼と『今の時間』を楽しみ包容する女性」に魅力を感じるということです。

そのような女性が魅力的に映るのは、すべてを相手に求めないスタンスが、彼女にあるということでもあり、自立した状態において、お互いを尊重することが実践できると感じるからなのです。

そんな一貫した「尊重する」スタンスでいられれば、「こんなに愛を与えてくれる女性はいない。人生のパートナーにしたい」とあなたが強く求めなくても自然と求められていくのです。

未来に期待し答えが確定されてないから、「今を楽しめない」という考え方や価値観は、「今を楽しめない」ことへの言い訳。

大切なのは、「今を楽しめる2人」の積み重ねから、未来を創っていくこと。今を楽しむことの積み重ねが、明るい未来を創っていくのです。

ほとんどの男性が、過去の私のような未来に期待する恋愛のあり方に、潜在的に違和感を抱いています。

だからこそ未来への期待に苦しむより今を楽しんでいきましょう。そうすることで２人の恋愛は「楽しい」日々となり、よき未来へ繋いでいけるのです

嫉妬や心配をしている場合ではない

●こんな態度で彼の気持ちは遠のいていく

彼を好きになればなるほど、「独占したい」と無意識に思ってしまうのが、「恋心」ではないでしょうか。そういった欲望への期待は、気づくととても上がってしまうことが多々あります。

たとえば、彼の職場の飲み会や友達と遊ぶとき。女性がいるか気になりますよね。彼が他の女性に目を向けないよう躍起になって干渉し行動を把握することで安心できるので、つい女性のことについて彼に質問をしていませんか。

「彼を夢中にさせたい！　虜にしたい！」と思うあまりに、彼の行動や周りが気になりだし、周りに存在する女性は「すべて敵」に思え、「24時間監視」をしたくなるかもしれませんが、それは警備会社でもきっと無理です（笑）。

それに「独占欲」からうまれる行動は、ネガティブな結果にも繋がりやすいです。

「嫉妬」「独占」「心配」「干渉」「詮索」などは、彼が「あなたをもっと好きになり、夢中になる」方向にはまったく繋がりません。むしろ彼にネガティブな印象を与え、彼の気持ちは遠のくかもしれません。

嫌な感情で発信したものは、発信したその波動が返ってくるものです。

だからといって嫌な気持ちをなくす、ではなくて（そんなこと、私もできません）、たとえば嫌な感情が少し落ち着くまで、また客観的になれるまでは、彼に対して何かアクションするのをやめることをおすすめします。

それに、嫉妬から彼のことを「独占」したいと思ったとしても、実際、彼を所有することはできないですし、思いどおりにしたいと思ってしまう場合、それは彼を支配したいということに繋がってしまいます。

これは大袈裟なように思えて意外と皆さん、普通にやられている現象です。

支配したいという意識は思いどおりにいかなければ、さらに執着し、「義務」「責任」「罪悪感」などを用いてチカラづくでも相手をコントロールしようと思ってしまうのです。
でも、あなたも本当はこんなことしたいのではないはずですよね。

もし、24時間、彼と一緒にいて「独占」できたとしても、「彼の気持ちや愛」を感じることがなければ、あなたは実際には「満たされない」はずです。
あなたが本当に求めているのは、「独占」や「支配」ではなく「彼の気持ちや愛」です。

●たったこれだけで嫉妬や不安が消えていく

彼からの愛情や気持ちが減るのではないかと思い、周りの女性に敵意を見せたり「不安」になる場合、あなた自身が満たされなくて自信がないのも原因かもしれません。

ですから、この状態のままでは何をしても嫉妬も不安も埋まりません。

必要なことは、「他者と闘う」「競争する」「言葉で自信をもらう」ことではないのです。

そんなときは、外に向かっている意識を一度あなたの内側に向けてみましょう。

あなたの好きなことや、やりたいこと、「ありのままのあなた」をすべて認めてあなた自身を満たすのです。

誰かと比較したり、周りを気にしたり、我慢や抑圧など一切せずに、あなたが「やりたいことをすべてやる」。

「趣味や、行きたかった所、食べてみたかったもの、着てみたい色」など、あなたの「ワクワク」することを増やし、1人でも「楽しい！　嬉しい！」と思う時間が増えていくことが、あなたを内側から満たしていける唯一の方法なのです。

その結果、不足感が消えていくので、自然と嫉妬も不安も消えていきます。

すると、あなたの内側からエネルギーがドンドン輝きはじめます。

あなたが自分を満たし輝けば輝くほど魅力的な女性と映り、自然と彼もあなたから目が離せなくなり惹き寄せていくことが可能になります。


この状態こそが唯一、彼を「夢中にする」「虜にする」べく、あなたの求めているイメージに近いのではないでしょうか。


虜にするのは「監視」や「独占」ではないはずです。

鎖で繋いでおくのではなく、鎖はないけど「彼の自由意志」であなたの見える圏内に勝手にいる。

この状態が理想であり、そこを目指してみませんか。

社会的地位が高い人と付き合うときに必要なエッセンス

●あなたも同じパワーを持っている

あなたの今好きな人が、有名人、お医者さん、アーティスト、経営者など、職種は色々あると思いますが、社会に対して影響力が強い人、支持されている人、求められているような男性なら、付き合うときに心得ておくべきエッセンスがあります。

まず、社会的地位が高い人、自然に人の上に立つリーダータイプの人は、たくさんの愛を持っていて、人にその愛を分け隔てなく与えることができる人だと思います（恋愛感情ではなく）。

そして、愛を分け与えられる人というのは、「自分を愛すること、自己肯定力が高い人」

でもあります。やりたいことにエネルギッシュに取り組み、自信に溢れ、魅力的な人が多い。このような男性はひと言でいえば「人気者」です。

つまり、あなたは人気者と付き合っているのと同じです。

たくさんの人に愛や喜びを与えられる人は、その分、たくさんの愛が色んな形となって返ってくるでしょう。たとえば、人との新しい縁やチャンスなど、男女年齢を問わずに彼にどんどん流れてきます。エピローグで申し上げますが、「宇宙の法則」が働くのです。

一方で愛に溢れたパワフルな彼と一緒にいれば、時間が取れにくくなることや、遠くにいってしまうかも、といったさびしい気持ちが芽生え、「独占したい、もっと、かまってほしい」と、彼の活躍を素直に喜べない心境になるかもしれませんね。

ですが心配はいりません。

あなたは、現時点で、彼とかけ離れている存在ではありません。

「人気者の彼」と縁があり、その彼に好意を寄せられているのであれば、あなたは「彼と同じ波動」であり、受け取る準備ができているから引き合っているのです。

あなたが意識すれば、「その彼の大きなエネルギーと共鳴」する器がそこにはあるのです。

彼の広がるエネルギーや人々に求められるエネルギーを、「狭める、小さく」するのがあなたの願望ではないはずです。

あなた自身もそんな彼の広がるエネルギーに魅了され、本当は応援したいはず。あなたがほしいのは「彼からの愛」をちゃんと感じたいだけではないでしょうか。

色んな人に平等に「愛や喜び」をあげられる人。そこは変えることや独占することはできないし、彼もそんなことを求める女性といては「制限」を感じるでしょう。

●こうして愛しさが増していく

「彼と男女の特別な関係や、言葉、連絡」がとれている。その時点で彼にとって「あなたへの愛は特別であり、現時点でとても大切にされている」ということを自覚することです。

誰かと比較することではありません。

彼はそんな自分を理解してほしい気持ちと同時に、忙しくて悪いなという罪悪感を絶対に持っています。それは、「あなたを大切にしているから」でもあります。

彼のパワフルなエネルギーと共鳴していくパートナーになりたいのであれば、あなたが変わることで手に入るのです。

彼に対して小さく生きるように制限させてしまうことに力を注ぐのではなく、あなたが大きな愛で生きることにシフトするのです。

「いつも気にかけてくれてありがとう！　私はいつでも応援してるからね。正義感にあふれるあなたを尊敬している反面、身体も心配よ！　疲れたらいつでも私には甘えていいからね！」

このように嘘ではない本当の気持ちを伝えれば、彼は「なんて理解のある女性なんだ」

とあなたへの愛おしさが増しますし、連絡も自然と増えるようになります。彼にとってい
わゆる「癒しのアゲマン」ですね。
そしてこれはセッションをとおして報告のある、数多い恋愛成就例です。

隠そうとするのは理由があった

●こんな展開にとことん弱い男性たち

デート中、彼の友達や、仕事仲間に見られそうなとき、彼の対応がオドオドしていて、とても不愉快な気持ちになったことはありませんか。

そのときのなんともいえない彼の必死感というか、「この世の終わりか⁉」と動揺する彼を見て、あなたは虚しくなるかもしれません。

そして、なんで「恋人っていってくれないの？」とか「紹介してくれないの？」とか、パニクる彼を見て「複雑な感情」になってしまうかもしれませんよね。

その気持ち、と〜ってもよくわかります。

あなたとしては紹介してほしいし、
「そんなに友達や会社にばれたら、困るってこと？　そんなに私といるところを見られたら困るの？　後ろめたいの？」
と思えてきますよね（私はそうでした）。

でも、実はこのときの彼の行動って、あなたとのことがばれたくないとか、他に大切な彼女がいるなどではないのです。ご安心ください。

男の人って、「こんなことで⁉」と思うぐらい、予想外の展開や、特に異性関係のとっさの状況での判断が、おもしろいほど弱いのです。

まるで、子供が食べちゃいけないお菓子をコッソリ食べて、母親に見つかってしまったときバレバレの嘘をつくようなレベルです。

「知らないおばさんが、食べていいっていったの！」というような。

これは、彼が仕事仲間や友人からどう思われてしまうか、そういった社会性を必要以上に気にしているというだけで、あなたを隠したいなどという深い意味はないのです。

自分のイメージを必死に守りたいだけなのですね。あなたといてプライベートモードだった彼に、いきなりふりかかった「想定外の事故」なのです。

社会的イメージを守るためにオフからオンに切り替えるのですが、焦ってギアチェンジがスムーズにいかず判断力が子供レベルになる。そんな感じです。

仕事のことでは、冷静な対応で想定内のことには強い男性ではありますが、プライベートなときは、そのスイッチがオフなのですね。

正直「イラッ」ときてしまう気持ちもわかりますが、あなたを大切にしていないわけではは絶対にないのです。お母さん感覚で包容してあげるのが一番よいでしょう。

彼も心の中で「滑稽だな俺」ときっと思っているので、包容してくれるあなたの器量に感謝したくなるかもしれません。ですので混乱する彼を軽く受けとめてあげてください。

●邪魔されずに楽しみたい世界

もう1つ、男性には小さな頃から「秘密基地」みたいな自分だけの場所をつくったり、何かを「集める」コレクター癖などがありますよね。

彼らは男性特有の「自分だけの世界」というものを持っています。

それを周りの人に「見せたい」とかではなく、まったく他人に理解できないけれど「癒される魅力」をそこに感じたり、その世界観を「誰にも評価されたくない」「自分だけで味わい楽しみたい」と思っているところがあります。

女性は「シェア」したい生き物なので、「自分だけの世界」にしておきたいという価値観は理解しにくいですが、要するに「悪気」はないけど「何かプライベート」は秘密にしておきたいものがあるのです。

それは「好きな人ができても友達に相談しないし、好きな人の話はしない」にも通じるものがあります。

大切にしたいものは秘密にしたいというか、邪魔されずに楽しみたいという世界観を

持っているのです。

ですが、こんなときは、「男性はプライベートは秘密にしたい」「1人で楽しみたい生き物」だと思って、滑稽だけど、可愛いなぁ〜と笑いながらスルーするのが一番よいでしょう。

そして、そういった男性の性質から、好きな女性の前や会社では「かっこいい人」でありたいという自己顕示欲が、本人も無自覚なところにあります。

そこが男性の可愛いプライドでもあるし、あなたのことが好きだからこそ、とっさの場面で混乱してしまう姿となるのです。

同時に、それはあなたの前では完全オフモードのリラックス状態、楽しい状態になっているということ。

あなたに気をゆるしていなければ、ずっとオンモードなのできっとパニックにはなりません。

私とは、完全リラックスモードでいてくれる。「それは、私だけが知っている彼」と思いましょう。

ここまでは、あなたを縛る制限や束縛、常識や価値観といったものから解放されて彼と向き合うことで、彼の気持ちに変化をもたらすことについてご紹介してきました。

次章ではさらに２人の関係が〝期待する関係〟から〝与え合う関係〟に変わっていくためのヒントをお伝えしていきます。

第3章
こうして彼はあなたを手放せなくなっていく

〝期待する関係〟から〝与え合う関係〟に

デートをキャンセルされて怒る女性、動じない女性

●予想外だからそれで当然でいいのか

たとえば楽しみにしていたデート当日、待ち合わせ30分前に電話が入り、「ごめん！仕事で2時間遅れる」といわれる。

ホームパーティで手料理を作って待っていたのに、「今日は上司に飲み会に誘われてしまった！」と、かなりショックな場面に遭遇！

こんなとき、あなたならどう対応しますか？　この状況、怒って当然と考えるのが普通ですよね。しかし、実はこのときに神対応できる「愛され女子」が実在するのです。

神対応ができる女性は、予想外の展開のときにどう対応するかについて一致するものが

ありました。

このような場面では、普通「怒る」「拗ねる」「相手に罪悪感を負わせる」ということをしてしまう女性も多いでしょう。

その言い分としては、「わざわざ、休みとったのに」「わざわざ、料理頑張ったのに」、期待した結果を得られなかったから、「すべての努力は無駄になりました！　最悪です！　私の時間と労力を返してください！」といった感じです。被害者的な状態になってしまいますよね。

●こんなとき愛が高まるチャンス

ですが神対応できる女性というのは、見ている視点が全然違うのです。

ある知り合いの女性の実際の例なのですが、2時間遅れると彼から伝えられたとき、「あっ、そうなんだ！　わかったよ！　残念だけど頑張ってね」と、彼の状況をすべて受け入れたそうです。

そして2時間後、怒ってるかなと彼が内心ビクビクしながら、彼女の前に現れると、「お疲れさまぁ！　忙しいのにわざわざ来てくれてありがとう！　大丈夫だった？」と彼女は笑顔で迎えたというのです。

「ごめんね、退屈だったでしょ？」と彼が謝ると、彼女は、「そんなことないよ、私、読みたい本があったから読んでたら、あっという間だったよ～」と答えたとのこと。

この瞬間に、男性が心をわし掴みにされたのは間違いないでしょう。

女性はいい意味で結果に期待してないので、結果がついてこなくてもすべてのプロセスを楽しめている。どんなプロセスだったとしても、プロセス自体の中で今を楽しむことにフォーカスしています。

すべての状況において、「いいの、いいの、私がやりたいだけだから～♪」というスタンスなので、行動が自分軸で「無償の愛」なのです。無償だから彼を責める気持ちも、当然うまれません。

この彼は最終的に、彼女と結婚を決めるのですが、そうさせたのは、「この彼女とならどんなことが起こっても大丈夫。一緒に乗り越えられる」という確信と、彼女への大きな愛情の強さを感じたからだったとのこと。

あなたは予想外の展開が起こったとき、どう対応していますか？

そんなときこそ「あなたが愛の人」であることを証明できるチャンスかもしれません。

罪悪感で彼を責めることもできますが、そんな場面だからこそ、起こったことにポジティブに対応し、そして彼を愛で包むことができたら、２人の距離が急速に縮まるのは当然のことでもあります。

「わかってほしい」からうまれる、ある操作

●チョコはチョコでも違うもの

ハッキリいわなくても、「きっと、わかってくれるはず」「察してくれる」と期待して、あなたの求めていることをオブラートに包んで伝えた。

すると彼がまったく理解できていなかったり、意味をはき違えて遠回りしてしまったことはありませんか。

たとえば、コンビニに行く彼に向かって、「アイスを買ってきて」と頼んだとしましょう。

あなたの中では、「いつも食べているチョコアイスを買ってきてくれるだろう」と思っていたら、チョコはチョコでも違うアイスを買ってきた彼。

あなたは買ってきてもらっているのに、

「え、これじゃないんだけど？　いつも食べてるのわからないの？」。

彼は、

「わかんないよ！　じゃあ、はじめから具体的に商品名をいってよ！」

と、私を好きならわかってほしかったあなたと、わからなくて責められてしまう彼が、冷ややかなムードでアイスを食べている。これは、ちょっと悲しい光景ですよね。

●涙のヒロインは受け入れられない

また、知人の人気男性美容師は、

「なんで女の子ってハッキリいってこないのに、わかってあげられないと責めるとか、泣いたり拗ねたりするの？　そういう女性には、すぐに醒めてしまう」

といいます。


それは、この男性がある女性とお付き合いをしたときのこと。ある日、部屋で一緒にテレビを見ながら楽しんでいたら、彼女が突然泣きだし、何が起こったのか本当にビックリしたそうです。

「どうしたの？」と聞いたところ、

「前の彼もいつもいつも、テレビばかり見ていて悲しかったのを思い出してしまって」と訴えてきたとのこと。

このパターンの女性は意外と多くて、涙によって相手に同情や関心を誘う「涙のヒロイン」癖ともいえます。

ですが、男性側からしてみたら、前の彼がテレビばかりを見て悲しかったとか、意味がわかりませんし、「過去のトラウマなんです！」みたいに重苦しくいわれると、それだけで嫌になってしまうものなのです。

普通に、「私といるときはテレビ見ないでよ！」といえばすんでしまうのに、女性は言葉を発しなくても、わかってほしいとか言葉がなくても通じあえる、わかりあえることに憧れを抱くのかもしれません。

結局この男性も、「涙」で遠回しに訴える女性を「重い」と感じ、別れたそうです。

これは、涙を流すことが悪いといっているのではありません。涙だけに頼るのではなく、男性は「察してほしいより、率直に話してほしい」が本音なのです。男性はシンプルなコミュニケーションを求めているのです。

あなたのそんなコミュニケーションが、彼にとっても楽なことに繋がり、2人の理解をスムーズに深めます。

そうすることで、2人が誤解などの無駄なエネルギーの消耗をしなくてもすむのです。

自由人はこれが嫌い

●自由に泳いでいたい「イルカくん」

あなたの好きな人は「常識」「枠」「ルール」を重んじ、計画型のタイプでしょうか。

それとも、「干渉」「約束」「言葉」を求められるのが嫌いな自由型なタイプでしょうか。

私自身はどちらのタイプの男性とも付き合ってきたのですが、個人的には「自由人」の扱いは手ごわいなと思います。だからこそ、おもしろいとも感じています（笑）。

ここでは「自由型」の男性にのみフォーカスして話しますね。

自由型の男性というのは、セッションのお客さまをとおしても感じますし、私の友人の男性を見ていても、全般的に嫌なものが同じです。

彼らが嫌いなワードは、「期待」「責任」「束縛」「干渉」「約束」「言葉」「ルール」「パターン」「常識」など。とにもかくにも制限されることが大大大大嫌いなのです。

私は自由型男子を、勝手に「イルカタイプ」と名付けておりますが、「イルカくん」の男性は、遊び心がいっぱいで、好奇心旺盛。色んなことに興味あり、自由に泳ぎまわって、たくさんのことを体験したい、楽しみたい。だから「言葉」「約束」「ルール」などのワードは、「自由という制限ない大海」が失われるようなので当然嫌なのです。

これは、あなたのことが嫌とか、まったく関係ないので心配しないで大丈夫です。

●彼らは感覚的にわかっている

彼は「自由を愛するイルカ」なんだ、と、その取り扱い説明書を理解できれば、不安は減っていきます。彼らは感性の豊かな人や、女性性が強い人、アーティスト的な感覚を持つ人に多く見られます。たとえ「約束」を求めても、100%に近いほどはぐらかされたり、嫌だというかもしれません。私も体験済みです(笑)。**一見、無責任な男性に見えるイルカくんですが、イルカくんなりのポリシーがあるのでお伝えします。**

彼らは、未来よりとにかく「今」を大切にしています。

多くの男性がそうであるとこれまでお話ししてきましたが、イルカくんは、それが普通の男性よりさらに強いのです。おそらく時間やお金に対しても、強いこだわりがなく『今』が楽しいのが一番だよね!?」と思って、毎日を生きています。

彼らは約束するのも苦手です。なぜなら、未来はそもそも絶対で安定されたものではなく「流動的」なものだから。そのことを皮膚感覚で知っています。だから、「今、わからないものに対して約束する」ことのほうが無責任と感じているのです。

理解しづらいかもしれませんが、「無責任なことはいいたくないから、あえて約束しない」。これが彼らの大切にする「責任」なのです。本当なのですよ!

だから、あなたと未来がないと思っているのではなく、「今、一緒にいることがすべてじゃないの? その積み重ねが大事なんじゃないの?」と思っています。

とはいえ、彼らは、あなたのことをちゃんと考えていますし、一見無計画に見えますが、とても「心」を大事にしています。「2人の心が満ちたとき」に答えを出すのが正解なのです。

計画的に生きる彼ではなく、今に生きる彼なので、そこさえ理解できれば、不安も減っていきますし、振り回されている感もなくなることでしょう。

「都合のいい女」も「いい女」も同じ⁉

●2つの違いはどこにある？

形はないけどカラダの関係があるときに「遊ばれているのでは？」「都合のいい女になっているのでは？」と、ネガティブな気持ちがうまれやすいものです。

「もうやめたほうがいいんじゃないか」「こんな関係意味がない」などと思う女性もたくさんいます。

ですが、この「グレー」の関係は、私の経験からもいえますが楽しんだもん勝ちなのです。

「グレー」の関係は曖昧で、よくないことと見られがちですが、実は可能性の宝庫でもあります。

そして第1章でも「都合のいい女」について少しだけ申し上げましたが、「都合のいい女」と「いい女」の概念ってあるとしたら、そもそもなんでしょうか。おわかりになりますか？

違いは、その関係を「自己犠牲的」な気持ちでやっているのか、「自分軸」な気持ちでやっているのか、だけです。

あなたが彼都合の予定でしか会えないのを、「いつも彼に合わせている、なんで私ばかり？」と思うこともできますが、「私が会いたいから、彼の都合に合わせて会いにいく！」という気持ちで会うこともできますよね。

この状況は一見「都合のいい女」に見えるかもしれませんが、彼にとっては「最高にいい女!!」と映っていたりするのです。

その結果、ある日グレーだった関係からハッキリとした形を見せてくれる可能性が出てきます。

ですから、あなたは彼のことを純粋に好きなら愛を与え、とことん楽しむ。それだけでいいのです。

深く考えすぎて、わざわざネガティブになるのは、あなたと彼の中にある情熱を自ら曇らせてしまうことにもなります。

●あなたの意識ですべて創られている

どんな状況に見えたとしても「今」見えている状態がすべてではありません。今の場所から「いつでも2人で恋の形は育んでいける」のです。

今の関係に対して、自分は相手にとって「都合のいい女」と見るのか、「いい女」と見るかは、あなた次第。あなたが好きで、彼に大事にされている瞬間があると感じるなら、そこだけを見て信じてしまいましょう。

他人の価値観を気にして、やっぱり「都合のいい女」になっているのでは？　と、警戒してしまったり、「都合のいい女なのかも?」と疑った状態になってしまうこともあるかもしれませんが、なるべく早く切り替えましょう。

なぜなら、あなたの見方や意識が、自分を「都合のいい女」へと、創りあげてしまうのですから。

あなたと彼の関係は、あなたが感じることがすべてです。
あなたが決めて創っていくのだという、強い意識が必要です。

あなたが「大切にされている」と「愛」を感じるのであれば、それだけでいいのです。
「都合のいい女」になってないかなど心配するのはやめて、今の彼を信じ、愛があるから今の関係があるということを、ぜひ覚えておいてくださいね。

つい効率ばかりを重視していると……

●そもそもが無駄だらけ

効率、スピード、合理化……すべてのことが合理的に生産性をあげることがよしとされ、私たちの住む世界は住みやすくなりました。

さまざまなことがスマート化されたことにより、生活が潤い、時間を有効に使いやすく、便利になりました。


一方で恋愛においてはどうでしょう。

スマート化に慣れてしまった私たちですが、こと恋愛に関しては人の心という流動的なものが相手です。心は常に変化するもので、こうなればこうなるというパターンに入れること自体が難しいものです。

ですが、心を持った相手に対しても、効率を重視してしまうことで、大事な「相手の気持ち」をくみ取ることができにくくなっている女性が増えている気がします。

効率だけでは心は動かせません。


恋愛とは、そもそもアナログ的で「無駄」も多く、無駄と思えることが実は大事なのではないでしょうか。


効率だけで関係性を育んでしまっていると、相手が見えなくなる危険性があるのです。

今、彼が何を感じているのか？　何を思っているのか？　何にドキドキしているのか？　何に興味があるのか？　楽しんでいるのか？　疲れているのか？　等々。

これらは、「彼」をフィーリングで感じることによって、わかってくることなのです。

●たくさんまわることより求めていたこと

実際にあった、あるカップルのディズニーランドのデートでの話です。

並ぶアトラクションも多く、「たくさんまわりたい！　損したくない！」と思えば、無駄なく計画的にまわりたいと考えるでしょう。

ですが、彼は仕事が多忙で疲れている中、当日を迎えました。彼が「少し休憩しようよ」というと、彼女は、「今からあれに行かないとパレードが間に合わない！」という。彼が疲れている様子を見せれば、「楽しくないの？」と不満めいた発言をしてしまう。この日を境に2人の関係は悪化し、結局彼は女性と別れてしまいました。

彼女は「効率重視と自分中心」になっていて、愛や思いやりを持って彼の疲れている様子を察することができませんでした。彼の心の動きを見ることができなかったのです。

その一方で彼は、効率よくアトラクションにたくさん乗るより、素敵なロケーションの中で、会話や彼女の喜ぶ顔を見て、雰囲気を楽しみたかったといいます。

アトラクションより「彼女との時間」が大切だったのです。

恋愛は無駄に見える時間を楽しめるほど、2人の愛は深まっていくといっても過言ではないと思います。

無駄と見える中で、雰囲気や会話を楽しめること。

それが2人の関係を育てていきます。

つい効率重視をしてしまう女性は、ムードやセクシーさ、愛おしさを男性に感じてもらいにくくなりやすいので、あなたもぜひ気をつけてくださいね。

「アドバイスしてあげるのが愛」とは限らないとき

●受け取る準備ができているのか？

彼のために「こうしたほうがいいんじゃない？」「もっと、こうしてみたら？」など、無意識にアドバイスをしてしまっている女性も多いのではないでしょうか。

たとえば、彼が会社で「やりたいこと」があって、その中で人間関係などが、どうもうまくいかずに悩んでいた場合。

「上司にいってみたら？」とか「●●って会社なら、あなたのやりたいことができそうだよ」とか「それはこんなふうに考えてみたら？」等々。

少しでも、彼の心の負担が軽くなればと期待して、色んなアドバイスをしていたつもりなのに、なぜか彼が不機嫌になってしまった。このような経験はありませんか？

結論から申し上げますと、「聞かれてもないのに、アドバイスはしない！」ことをおすすめします。

この意見に、違和感を覚える方もいるかもしれませんね。

ですが、仮にあなたが確かな「正解」を持っていたとしても、あなたから助けを差し伸べることはしないほうがよいのです。

そこには、「受け取る準備」が関係してきます。

もし「受け取る準備」ができていない彼に対し、何かアドバイスをあなたが与えたとしても、それは「暖簾に腕押し」の状態になってしまうからです。

たとえ、遠回りに見えてしまったとしても、紆余曲折しながらも、「答え」を自分で掴んでいくことは、彼にとって必要な時間であり経験だったりするものです。

男性だけに限りませんが、人は基本、何か物事に取り組んでいるときは自分で答えを見つけたい、自分で解決したいという思いを持っているものです。

その時点において、アドバイスや意見をいわれることは嬉しいことでも、感謝に値することでもないのです。

苦しい経験をとおして、「自分で気づいて、成長を味わう喜び」「経験から学ぶ喜び」というものがあるのに、あなたがそれを彼から奪ってしまうことになるわけです。

●助けることが愛ではない

どんなに大変に見えたとしても、「経験させてあげること」も実は「愛」です。

彼の困っていることを助けることや守ってあげることが、「愛」ではありません。それは「愛」を勘違いしてしまっている状態です。

あなたが、アドバイスをするべきタイミングは、彼が「君はどう思う？」と、意見を求めてきたそのときだけです。

そのときの彼は、「あなたの意見を聞いてみたい」「あなたの意見が必要」と「受け取る準備」が整っているので、あなたの意見に真剣に耳を傾けるでしょうし、あなたの意見の意図をくみ取ろうとする状態です。

そして「受け取る準備」ができているときは、あなたの意見が「彼の力になれている」と、あなた自身も「与える喜び」を感じることができるでしょう。

２人の中で「受け取る、与える」というエネルギーの交換が行え、「喜び」となって成立します。

助けを求めているときに、助けてあげることがよいあり方であり、「経験するすべてのことを見守る」。

これも愛だということを、ぜひ覚えておいてください。

相手の彼女について興味本位に聞いてはいけないワケ

●その気持ち、どこからうまれる？

第2章では好意を抱く彼の異性関係が気になったとき、どうすればよいのかについてお話ししましたが、この項では彼女がいる人と付き合ったとき、どうしたらよいのか、お話ししていきましょう。

彼女がいる人と付き合っていると、どうしても彼女のことを聞いてみたくなったりするものです。「どんな人？」とか「どこが好きなの？」とか。

その気持ちはどこからくるのでしょう？

多分、彼女より自分のほうが勝っているとか、彼女より私のほうが愛されてるって感じたいとか、何かしら比較して私のほうがよいのだと感じたいのですよね。

当然、そのときのあなたは彼に、「こんなふうにいってほしい！」「あんなふうにいってほしい」という期待を込めて質問をしてしまっています。でも、こんな質問が結果的にあなたを苦しめてしまう行為なのです。

聞いたときに、たとえどんな答えであったとしても、あなたはまったく気にしないでいられる強さがあるでしょうか？

「自分の期待にそった答え」「自分のほうがよいという答え」をドキドキしながら聞いて、彼女のほうが「料理がうまい、細い、美人、お嬢様、友達が多い、頭がいい……」などなんでもよいのですが、こんな予想以上の答えが返ってくることだってあります。

それが、彼にとってはどうでもいいことでも、あなたの劣等感に触れる部分があれば、たちまち嫉妬の炎がメラメラと燃え上がり急に腹立たしくなり、完全にあなたは嫉妬の渦にのまれ、平常心ではいられなくなってしまいます。たとえ劣等感に触れる部分でなかったとしても落ち込んでしまうでしょう。

●意識を向けるのは彼女ではない

家に帰った後も忘れるどころか、彼女のことばかりを考えてしまい、1人で不安になり、嫉妬のスパイラルからうまく抜け出せません。状況は何も変わっていないのに、あなたの気持ちだけが不安と嫉妬の気持ちで苦しくなってしまうのです。

もう一度いいますが、状況は何も変わっていないのに、あなた1人の苦しみが増えてしまうのです。

しかも、この状況を招いたのは彼ではなく、あなたです。

ここでお伝えしたいのは、彼女を気にしても2人にとって何もよいことはないということ。

「彼女のことは、意識的に忘れる・考えない・気にしない」ことです。

もし、気にするなといわれても、「彼女がいるから私が本命になれないので気になる」と思っているのならそれは違います。それは、気にしてしまう理由を状況のせいにしてしまっているだけです。

あなたが本来やるべきことは、彼があなたに「楽しかった」と感じる場面を増やしていくことだけ――。

「あなたといると楽しい」という、記憶が彼の中で「楽しいアルバム」になって増えていいくと、突然あなたが「人生に必要な人」になるときがきます。

意識を向ける先は、あなた自身。自分に負けないでほしいのです。

他の女性より「好かれたい」ですよね？

詮索したり、拗ねてばかりいては、あなたのことを今より彼が好きになると思いますか？　あなたがするのは1つです！

彼と一緒にいる今を「ただ楽しむ」ということ。あなたの笑顔を彼にたくさん見せましょう。信じられないかもしれませんが、それが彼の「楽しい人生のアルバム」に追加されていくのです。

そして、彼の中で、「楽しい」＝「幸せ」＝「あなたがいた」となったとき、彼にとってあなたは「大切な人」となり、あなた自身もそれを実感したときに、奇跡をつかむことができるのです。

相手の期待にも応えない

●架空の自分でつくりあげているだけ

女性であれば、彼のことが好きなあまりに、彼の要望に応えたいと頑張ってしまったり、彼好みの女性になりたいと、性格から服装まで変えたいと思うかもしれません。

第1章で少し申し上げましたが、ここでもう少し具体的にお話ししていきますね。

相手の期待に応えたくて、自分を変えていると、いつも本当の自分ではない架空の存在の自分を演じ、その存在のあなたで彼の前にいるようになります。

それって言い方はあまりよくないですが、要するに「嘘」の自分です。

あなたは自分に嘘をつき、彼にも嘘をつき、好きになってもらいたい一心で、違う自分をつくりあげて演じているだけです。そんなあなたを見て、彼はあなたをますます好きになったとします。

ですが、そのときのあなたは本当の自分ではありません。好きになってもらって嬉しい反面、自分ではない自分を生きつづけることに辛くなっていきます。これはとても苦しい関係のはじまりです。

正直ではないしオープンではないので、信頼関係もなぜか築きにくいのです。

●喜びや安心のほかに出てくる新たなうれしいこと

相手の期待に応えようという生き方は、一見、尽くす女性のようで素敵なように見えますが、それは2人にとって全然ハッピーではありません。嘘のはじまりです。

必要なことは、お互いが自立した状態で対等であること、そして正直でオープンな関係です。

正直でオープンな関係というのは、自分の心に嘘がない状態です。

あなたはそのままの姿で彼に愛されるべき存在です。取り繕ったあなたを愛されるよりも、「本当のあなた」を愛されるほうが、深い喜びと安心感につつまれます。

それは、あなたの自信にもなります。

「本当の自分」を見せるのは怖いかもしれませんが、「本当の自分」を愛してもらうことがあなたにとっても最大の人生の喜びです。だからこそ、相手の期待を演じることはやめにして、本当の信頼関係をつくっていきましょう。

ここまで、2人の関係性が深まっていくために必要なことをお話ししてきました。

あなたの心は少しずつ自由になってきたでしょうか。

次章では、そのうえで、どんなことが起きても2人がずっと幸せでいられることについて、お話ししていきましょう。

第4章

さぁ、本当の幸せをつかんでいこう

2人がずっと一緒にいるために必要なこと

呪縛から自由になれるたった1つの方法

●いい条件を期待しても変わってしまうことがある

たとえば、形にこだわってしまうばかりに、別れが訪れてしまうことがあります。とくに「結婚」という2文字にこだわると、結果、別れる結末になる男女は非常に多いですね。それは、彼とずっと一緒にいられる方法が、結婚だけだと思ってしまうことにあるのかもしれません。

もしかしたら、結婚しかないという制限のある考え方から解放されれば、ずっと一緒にいられるのかもしれませんし、逆に結婚に対する「こうあるべき」という制限がなくなれば、結婚はしやすくなるとも思います。

「結婚」という文字から、女性は男性に、収入や仕事内容、長男か次男か、ということを考えますし、逆に男性は女性に、家事や料理、子供は好きか、ということが頭の中で浮かび、恋愛を複雑にさせていってしまいます。でもそれらは本来どうでもいいことなのです。

たとえば、あなたの大好きな彼が、派遣社員や自由業であって、そこが理由で結婚は難しいとあなたが思うなら、その価値観こそが別れを呼び、結婚に制限がうまれ難しいものになります。

もちろん、大切にしたい部分ではあると思いますが、「条件」がそろっているから好きになれるか、幸せかどうかはまったく別です。

よい条件を期待して相手を好きになっても、その条件は変わることがあるのです。

では変わらないもの、変わりにくいものは何でしょう。

おわかりだと思いますが、それは、彼の性格や人間性です。

あなたが、理由はないけど「どこか惹かれる」という部分なのです。大事にしてほしいのは「理由はないけど好き」という気持ち。

これさえあれば、あとは本当に「どうでもいい」のです。クドイですが本当に「どうでもいい」に尽きます。


気持ちがまずあり、「彼と幸せになろう！」と思えれば、2人の生活で起こるすべてのよいことも悪いことも、一緒に乗り越えていこうと思えます。


あなたが、「料理が嫌い」、「掃除が苦手」で、女性として引け目を感じる部分があったり、彼の収入が少ない、学歴がない男性であったとしても、本当にどうでもいいことですし、そういったことを心配して、結婚できないかもと制限をかけてしまうようなことでは決してありません。

「男女のあるべき姿」は、2人の中で解決し納得できれば問題ではありません。あなたが働いて、彼が主夫でもよいのです。

そういう家庭はどんどん増えています。

料理は彼、あなたは掃除でもいい！　あなたのほうが今は収入があっても、彼と逆転もするかもしれない。

「こうあるべき」と結婚の形に制限してしまうことが、「2人の関係性」を育みにくくさせてしまい可能性を狭めていると思いませんか。

2人の中でバランスがとれていればいいのです。

●そこに効力は一切ない

そして「結婚」とは「システム」です。

「ずっと一緒にいられる」「ずっと私だけを愛してくれる」「生活が保証される」「幸せになれる」「子供をうむ」などを約束するものではありません。

結婚に「愛」「幸せ」「保証」などを期待しても、結婚自体にはそんな効力は一切ない、ということに気づきましょう。

それよりも力があるのは「どんな形であってもお互いが『愛と思いやり』を持って、一緒に生きる！」という決心。

それが、力となり強い絆で結ばれたパートナーシップを育むのです。

愛がなければ、結婚はできても「仮面夫婦」のぎこちない結婚生活になるでしょう。

これからは幸せな結婚に対して、今まで持っていた価値観や枠を越えて、もっと自由なそういった意識が必要であり、お互いの自由が広がる関係、色々な選択肢のあるパートナーシップが新たな「幸せな結婚観」の時代の幕開けにもなるのです。

女性だから、男性だからではなく、自立した2人がバランスを取ることでさまざまなことがうまく回り出します。

結婚とはこういうものだという形にこだわらず、2人だけのオリジナルな関係であれば無限の可能性があるのです。

本気で復縁したいならまずはここから

●受け入れることで道はひらけてくる

「別れを告げられたけど、どうしてもやり直したい」とあなたが本気で思ったときに、チャンスをつかむ、そのプロセスを私の経験談を踏まえてお話しします。

まず、別れを告げられた状態から整理が必要です。

たとえば「ずっと一緒にいよう」「結婚したい」など、過去に彼がいってくれた嬉しい言葉が、あなたの中で「希望にあふれた言葉」となって残っているかもしれません。

ですが、過去の言葉には、もうとらわれないことが重要です。強い期待を抱かないことです。過去は過去としてとらえ、今ここからはじめる意識の変容が必要なのです！

なぜなら、あなたが過去も含めた現状を受け入れることで未来が拓けていくからです。

女性は特に、彼のいってくれた過去の嬉しかった言葉や約束にとらわれて、それが現在の別れを選んだ事実と一致せず混乱してしまい、「あれは、嘘だったんだ？」「あのときの言葉はなんだったのか？」「信じていたのに！　裏切られた！」など、どんどん被害者意識を増していってしまう傾向があります。

気持ちはよくわかります。とくに何も前ブレもなく突きつけられた突然の別れの場合、ショックで立ち直れないのでは、と思うほどでしょう。

私も過去そんな辛い経験があります。

ですが、ここから本気で復縁したいと一歩進むためには、過去に起きた事実がどうしてこのようになったのかしっかり認めて、新たに進む意識が一番大切。

決して過去にフォーカスするということではなく、過去を受け入れ「今ここから」どうしたいか明確にすることで前に進めるのですし、この意識が復縁の「新しい明るい未来」を引き寄せる原点に必ず必要なのです。

「別れ」を選んだ彼を責めたくなる気持ちもわかりますが、彼も嘘をついたのでもなく、その当時色々なことをたくさん考えたうえで、いってくれた言葉なのだと思います。

その時点で、彼があなたにいったことはすべて本当だったのです。

●10年越しの復縁も可能になる⁉

彼はあなたのことを好きで、愛していたし、いった言葉もすべて本当です。

嘘ではない。でも理由はそれぞれですが、彼はあなたとの関係の中で未来を考えるのが難しくなり別れを選択したのです。

だから彼のありのままを受け入れてください。

彼が選んだ決断を受け入れ、あなた自身も過去のことをしっかりと受けとめすべてを受け入れたうえで、なおも彼とやり直したいと心から思うのであれば、可能性は充分にあるのです。

もし、彼が、あなたに対してネガティブなイメージがついている場合は、ネガティブなイメージが消えた頃に、新しい2人としてやり直せる可能性も出てくることでしょう。

私はそのパターンで10年越しの復縁をしたことがあります。

あなたがすべてを受け入れたうえで、今ここから「新しい自分」を好きになってもらうと決めたら、2人の完璧なタイミングで新しく息を吹き返す日がやってきます。

今スグと焦ってしまう気持ちもわかりますが、それは手放してください。手放せば「宇宙の法則」にのっとって、チャンスがやってきます。

そしてこの悲しく思える別れ期間を、ポジティブにとらえてみてください。彼があなたの期待に疲れてしまっていたとすれば、そのイメージを消す最高のチャンスです。

そこからはシンデレラに生まれ変わる変容期間です！　これは大袈裟ではなくて本当で

す。

この変容期間中、今までの自分のあり方について、見直すべきところは見直し、陥っていた恋愛パターンから抜け出し、変容できると大きなチャンスがやってくるのです。

また、「他に好きな人が彼にできてしまわないか」など色々と心配で仕方がないかもしれませんが、今のあなたのイメージが相手の中で変わらなければ、どのみち復縁や、やり直しは無理なのです。シンデレラタイムまで引っ込みましょう。

私自身シンデレラに変容した後、元彼に再会したとき、「性格が別人」みたいといわれました。「どういう意味!?」と突っ込みたくなる場面でもありますが、本当に過去の自分が私の中でいなくなっていたのです。

今までの自分を越えて変容し、新しい自分にシフトすることができたのですね。

今、よく見えることも、悪く見えることも、どちらも大事な自分の一部なのです。その事実を受け入れることができれば、あなたは「過去」にとらわれずに、今から「新しいあなた」に変容し進んでいくことにワクワクを感じることができます。

シンデレラになったとき、彼と新しい関係をつくり直す可能性を感じられるでしょうし、もしかすると、それを越えて他の人に恋をしたい自分に出会えるかもしれません。

別れを決断したときの秘められた思い

●そこにある2つの理由

ある日、突然彼から「振り切られるような別れ」を提示され、すごく愛し合っていたのに意味がわからず、今もひきずっている恋愛はありますか？

私は相思相愛だったのに、ある日突然、振り切られるように別れに至ったことがあります。

女性には考えられないことですが、男性はすごく好きだけど別れを選択をすることがあります。

この場合、理由は2つ考えられます。1つは、彼の生活に外的要因が強く影響し社会性を重視しなければならないとき。

もう1つは、理性的な判断ができなくなるくらい、あなたを好きになり、ワクワクしている自分に彼自身が怖くなったとき。

「そんなことあるの？」と思うかもしれませんが、あるのです。

意味がわからない別れ方を経験をしている女性が、少しでも気持ちの整理ができればと思うので男性側の気持ちを書きますね。

まず、いえるのは、理解に苦しむ一方的でひどい別れ方でも、彼も心はひどく傷ついているということ。あなただけではありません。

男性はもともと社会性を重んじるものなので、「愛すべき女性は君しかいない！」と思っていても、社会性が強く影響してくる家柄や環境において、自分の心に従うことが許されない世界があると、苦しみます。

たとえば、事業をしている、先祖代々が医者、家族の繋がりが強い家、古い体質や価値観を持つ親がいる場合などです。

最近の結婚は当人達が幸せであればよいという風潮が強くなってきていますが、事業をしている家などでは、難しい場合がまだまだあります。

こういう家柄にうまれた男性は、結婚となれば世継ぎ問題まで発展して、「若い女性と男の子を産んでもらわなければいけない！」と親族がいい、当人が惚れる、惚れないの問題よりも、家と家、遺伝子、財産などすべてが双方につりあう理想の状態の結婚を家族はすすめてきます。

そんな家で生まれ育った彼は、「愛する女性と人生を共にしたい」と思っていても、家族の圧力が強く、恋人や結婚相手を自由に選択させてもらえません。

気持ちが大事と思う彼に対して、家族は、「結婚は気持ちではなくて、家と家の結びつき。●●家の発展のために、血縁、世間体、学歴が一番重要なの！」と、あの手この手を使って家族総出で「別れ」の説得にあたるのです。

彼もはじめは抵抗し闘うでしょう。

ですが、あまりに強い圧力に、だんだん愛する彼女をこの家族から守れるのだろうか、と自信がなくなってくるのです。

そして、この圧力に抵抗するパワーや情熱も長期になると疲れてしまい、彼女をこの家族と一緒にさせてしまったら不幸にしてしまうかもしれない、と思ってしまいます。

責任感の強い男性であれば、まず、愛するあなたを「幸せ」にできるのかを一番に考えます。

その結果、彼は自分の幸せには、あなたの存在が必要不可欠だと感じていても、その選択をしたところで、一体誰が幸せになれるのだろうと考え、別れることが彼女のためであり、みんなのためなのだと涙をのみながら、自分の幸せを手放す決断をすることがあります。

●居心地がいいから怖い？

そして、もう1つのパターンも、男性の社会性を重視する生き方に関係していますが、ワクワクや、はしゃぐ、楽しむ気持ちを封印してしまって生きている方もいるようです。

このような男性の場合、あなたへの「愛情」が深くなればなるほど、胸が躍っていることが「これでいいのか？」と逆に怖くなるのです。ワクワクしたいのに、ワクワクを知るのが怖いのです。

なぜなら、社会性＝理性的＝思考とコントロールできている範囲でいたいのに、ワクワクは理性も思考も超えるパワーを持っているので「制御不能」な状態が怖くなるのです。

男性は社会のルールや、常識の中で制限することがよしとされて、「ワクワク」を封印し理性的に対処することが、「男らしさであり、幸せ」と思えるような人生をつくろうとしています。

それを認め受け入れるのは、彼の人生に「天変地異」が起こってしまうぐらい未知の怖さなのです。

そんなとき、「本質的な幸せ」を受け取る準備ができていない彼は、「幸せ」が怖くなり、振り切るように別れる場合があります。

とても理不尽に見えますが、「気持ちがない」のではなく、「あなたをこれ以上好きになるのが怖い」が彼の答えなのです。

振り切るような意味不明な別れ方のとき、彼の決断の裏には、自分が幸せになるのが許可できてない、幸せを受け取る準備ができていなかったのです。

そのうえで、愛に触れ「本当の幸せ」を知ってしまった彼は、別れに至ったとしても、あなたとのキラキラした日々は、よい思い出として、必ず深く胸に刻まれていることでしょう。

これらは多くの男性から聞き、私なりの分析をしたものではありますが、少しでもヒントになればうれしいです。

男はこんな女が「めんどくさい」

●寂しいのは関係のないこと？

女性の中には涙作戦や、拗ねるのは「女の子っぽくてかわいい」とポジティブなイメージに思っている人も多いのではないでしょうか。

かまってほしい、という期待でそういったことをするのは、結果的に相手を苦しめることにも繋がります。

昔の恋愛本には、「上目づかいや涙で女性っぽさをアピールすると男性は喜ぶ」と伝えられていたものもありました。

たとえるなら、女性からさびしいといわれると、男性は自分が頼られていると思い、「俺がいないとダメなんだなぁ、かわいいなぁ」と感じるなどの場合です。

これは確かに、一時的には「かわいい」「女性らしい」と思う男性もいるかもしれませんが、このやり方だけに甘えていると、第3章でも申したように、基本的に「重いエネルギー」に映ったり、または「子供っぽく映る」こともあります。決してよい状態ではありません。

結論からお伝えすると、あなたがさびしいという感情は、実際の彼には関係がないのです。

そのさびしさは恋愛とは関係がなく、ただ自分が満たされていない、充実感と満足感のある人生を送っていないからなのです。

その気持ちを彼に埋めてほしい、彼が埋めてくれる、と思ってしまうのかもしれませんが、さびしい気持ちは2人の間には関係がなく、あなただけの問題です。彼はサポートはできるかもしれませんが、埋めることは絶対できないのです。

●依存から卒業しよう

このことを理解してもらったうえで、男性側の意見をお伝えすると、意外にも女性が泣いたり拗ねることに対して「かわいい」と思っていない場合が多く、ほとんどの場合で男性は不快に思っているのです。

男性達はもっと客観的なところから「あなた」を見ているようにも感じます。

さびしい思いをさせて悪いなと思う反面、長い目で見たとき、やりたいこともあるし、もっと忙しくなるかもしれない。そこをイメージしたときに彼女といたら、2人とも幸せになれない、苦しい関係しかイメージできないという男性もいました。

とはいうものの、泣く、拗ねる女性に対して、女性を包容するのが「男性の美学」というのが、いまだにまかり通っている現状もあります。泣く女性に向かって、「めんどくさいんだけど」と男性も本心は、なかなかいえないのでしょう。

いえば非情で冷酷な男みたいですからね。

ですが、彼が何もいわない、いえないからと、女性がこのパターンに甘えていると、ある日、「あなたの重さ」に耐え切れなくなった彼は、何の前ぶれもなく「別れ」という決断をすることがあるのです。

私は過去、過剰な依存心により、彼を失ったことがあります。その苦い経験から、自分を律することの大切さを学びました。

女性のあなたにお伝えしたいのは、依存から少しずつ自立していくということです。精神的に自立した女性になれたとき、すべてが自信となり、自由になり内面から凛とした強さが溢れ艶っぽさがうまれます。

自立は自信となって内面からキラキラ輝くパワーを放つのです。

占いや相性に期待するより大切なこと

●「絶対」はあり得るの？

未来に対しての安定や、安心できる約束がほしいと望む人は多いことでしょう。

とくに恋愛においては、彼との将来や、彼が自分のことをどう考えてくれているのかなどを知りたくなるのではないでしょうか？

そして、占いや、サイキックカウンセラーなどのところに行き、「彼との相性」や「未来の可能性」を聞いたりしたいと思うでしょう。

私自身も占いや統計学は、30代前半の頃習っていたこともあり、個人的にも大好きです。

だからこそいえるのかもしれませんが、占いのいう言葉がすべてではありません。

占いは性格や傾向を読み取ることはできるかもしれませんが、未来の詳細がすべて決まっていて絶対的なんてあり得ないのです。

そして、私も「占いに支配される人生もよくないし、占いがすべてだったら絶望的だな」と気づきました。


今はこう思います。

占いや、統計、サイキックカウンセラー、色んなジャンルがありますが、どんなに素晴らしい人でも、彼らは可能性を伝えているだけで断定できるものはないと。


そして、スピリチュアルや引き寄せに出会い「未来は決まってない、自分が創るのだ」と「自分自身が創造主」という言葉が、シックリ腑に落ちたことで希望に溢れる毎日に変わりました。

未来は自分が創るのです。

何を望み、意図するのか、あなたの望むものが「現実化する」のです。あなたの思考が引き寄せて「形となってあらわれる」と信じます。

●別れたほうがいいといわれた結末

私の大好きなウィリアム・レーネンさんは、サイキックカウンセラーでありながら、「サイキックカウンセラーのいうことがすべてではない。自分のことを自分以上に知る存在はいない！　自分を信じなさい」

とハッキリいっています。私自身もそう思います。

もし占いやサイキックのいうことがすべて正解になっていたら、とても支配的な世の中で、つまらない世界ですよね。

私の実際の話ですが、今の旦那さんとの相性について、占いや、スピリチュアルカウンセラーの何人かの人に、「別れたほうがいい」といわれたことがありました。

もちろん嬉しくはないです。それを鵜呑みにして毎日、「別れたほうがいいんだ」と、彼に何をいわれたわけでもないのに、落ち込むこともちろんできました。

ですが、私は「一般的なレベルで課題をいってくれてるんだなぁ〜。でも、私は彼が大好きだからいいんです」と笑い話にしていました。相性が悪いというアドバイスはなぜか心がフィットしなかったので、信じなかったのです。

そして、数年後に結婚し、今幸せです。

私は自分を信じました。自分が信じたことが今に繋がったこと、引き寄せたことも証明できました。

占いは楽しいものですが、人生の選択のすべてを委ねてしまうのは無責任な生き方なのです。どんなよい結果も、嫌な結果も「あなたはそこからどうしたいのか?」、決めるのはあなたです。占いは「あなたはどうしたいのか?」と自分自身に向き合わせてくれているだけです。

だからこそそれらを過信しすぎることなく、自分自身を信じて楽しんで進んでくださいね。

曖昧な返答の裏にあるサインを見逃さない

●必ずあなたに返ってくる

これまでお話ししてきたように、私達は恋愛すると、相手に求めてばかりのスタンスになってしまいがちです。

「愛してほしい」「言葉がほしい」「連絡がほしい」「誘ってほしい」「ＬＩＮＥがほしい」など、色々なことを求めたくなります。

しかし、もう何度か申し上げていますが、求めるのではなく、まず「与える」ことをしましょう。それも無条件にです。

なぜなら、そこには「宇宙の法則」が働いているからです。あなたが「与えたエネルギー」はどこからかとか、どんなふうに、いつかなどはわかりませんが、「必ず返ってくる」のです。

あなたが「愛」を持って接していれば、必ず返ってきます。

あなたが相手に求めてばかりの状態のときは、きっと、彼の求めていることに応えている状態ではありません。では、彼は何を求めているのでしょうか。

「愛、癒し、喜び、励まし、楽しさ、理解」などではないでしょうか。

そして、あなたが本当にほしいものもきっと同じです。

彼もあなたに、「僕をわかってほしい……」と求めているのかもしれません。

それなら先に与えていきましょう。

●曖昧な言葉に本当の思いが隠されている

ある女性が大好きな彼に告白したときの話です。彼女が求めていたのは、「付き合うか、付き合わないか」という白黒ハッキリさせてほしい思いでした。

そこで「付き合えない」とはいわれましたが、彼の本心は「今まで友達としてしか見られなかったけど、今までどおりでいながら、ここから好きになれればと思う」ということでした。

彼の気持ちは、

「今まで友達としか見ていなかったから、びっくりしているけれど、嬉しい。今、付き合うか付き合えないかと答えを求められたら『付き合う』ことはできないけど、大切に思っているから、付き合うなら、ちゃんと好きになってからにしたい。中途半端な気持ちでは期待させたくない。だから、今までと変わらないスタンスで会ったりしながら、育んできたい」

ということでした。

曖昧な返答をされてしまうと、傷ついたり、断る理由だと思い込んでしまう女性も多いですが、男性は断りたい相手にはハッキリ断ると思っていてもよいと思います。

曖昧な返事の中には「あなたとの可能性」を感じているのです。

彼は、ここで無理といいたくないし、無理と違うから「ハッキリ答えない」だけなのです。

彼の言葉からあなたに何を求めているのか、言葉にとらわれずに感じてみると、彼があなたに何を求めているのかわかってくるかもしれません。

彼の曖昧な言葉の中には、「あなたとの未来に希望」が隠れているほうが多いのです。

エピローグ

恋も人生も
すべては思いのままになる

100%正直に生きる

●話し合えたから深まっていける

ここまでお読みいただき、ありがとうございました。「期待」という枠を超え、大好きな彼と幸せになる視点や、ヒントを1つでも見つけていただけることができたら幸いです。最後に、恋も人生もあなた次第で思いどおりになれることについて、お話しいたします。

これからのパートナーシップにおいては100%正直でオープンに生きることが、とても大切です。彼との間でしたいことがあれば率直に話し合う。「きっと、わかってくれているはず」という期待は持たず、何かしたいことがあるときは、「私はこうしたいのだけどあなたはどう思う?」といえること。それが彼にとっても2人にとってもストレスのないスムーズな関係づくりになっていきます。

どんなことがしたいのか、どんな価値観を持っているのか、ということを、２人がちゃんと話し合えることで、

「わかってくれていると思っていた」とか「こんな人だと思っていた」

などと、すれ違ってしまうことがなくなります。

お互いが、何を求め考えているのかをしっかり伝え、相手に自分を知ってもらえる努力をするのは２人の責任であり、豊かなパートナーシップを築くにあたってのそれぞれの責任なのです。

●ぶつかることが活路を開く

たとえば恋人のとき、結婚したいがために「相手にすべてイエス」になってしまうとか「相手を憧れの存在」に見てしまって、「私はそうは思いません」と意見をいえない場合、お互いが対等ではない関係をあなたがつくってしまいます。

ここまで何度か申し上げてきましたが、対等でいられない関係は後から「苦しく」なる

だけです。

関係が破綻することや、摩擦を怖がって「自分の思いを正直に伝えない」というのは、相手に対しても自分に対しても、「無責任」な生き方です。

もし「相手があなたに向き合えない」場合、あなたはその向き合えない相手に対してどう対処するかでしかないのです。要するに、自分にとって必要な関係性であるかどうかということを見極め対処するということです。

よくあるのは恋人の頃、2人の中で「綺麗なところだけ」を見ながら、お互いの価値観をシェアしないまま結婚してしまうこと。

はじめはよいのですが、しだいに互いの異なる価値観が表面化し摩擦が次々と起こりはじめます。

また、ぶつかることが嫌という人もいますが、違いを楽しみ、お互いを知るのは楽しい作業でもあります。

お互いの違いを早い段階からしっかり知りながらも、2人で歩み寄ることで2人だけの新たな「信頼関係」が築かれていきます。

お互いが、ありのままの状態でいること、尊重された状態で一緒にいられることは、とても居心地がよく、お互いの自由を感じるものです。それがひいては、「制限」を感じることのない「手放せない関係」となっていくのです。

恋愛は1＋1ではない

●もう言葉にとらわれるのはやめよう

恋愛は理屈ではありません。

恋愛に「1＋1＝こうなる！」という答えはありませんし、保証もありません。理屈で考え、理解する、分析すること自体が難しいのです。

「恋愛統計データ」に基づいた結果などにより、こんな傾向がある、という可能性の話はあるかもしれません。ですが、そのデータに期待しても、あなたの彼に有効かはまったくわかりません。

恋愛は限定された道筋がなく、流動的だからこそおもしろいのです。

一方で流動的であることをあなたの中で理解していなければ、あなたは「言葉」と

「形」にとらわれながら恋愛を進める傾向になってしまいます。

言葉だけがすべてではないのです。

言葉はそのときの状態を伝える手段の中ではとても便利ですが、言葉だけでは「心の機微」まで伝え合うには不十分でもあります。

恋愛に限らずいえることですが、相手のいった言葉にとらわれ、その意味や発信した意図を組みとれずに「フリーズ」する女性も非常に多くいます。

発せられた言葉を理屈で整理して理解しようとするので、絶望したり一喜一憂してしまったりするのではないでしょうか

何度もいいますが、あなたにとってよい言葉も、嫌な言葉も、ただの意志伝達の１つ、言葉というツールです。

恋愛を理屈で考え、言葉にとらわれる女性は、相手が「何を伝えようとしているか」感じることができていないことが多く、コミュニケーションがスムーズに流れにくいのです。

たとえば、「今日のカレー美味しいね！」「今日、なんか綺麗だね？」と彼にいわれたら、「何？　前のは美味しくなかったってこと？」「今日は、って何？　いつもは違うってこと？」

など、ほかにも色んなパターンがあると思うのですが、言葉にとらわれてしまうと、相手が発信している大事な部分をくみ取れずに、ネガティブに反応してしまうのです。

そして「侮辱された」とか、「あんな言い方はひどい」など理屈っぽくなって、肝心な彼が伝えたい意図が見えない、くみ取れないということになってしまいます。

●受け取り方1つで笑顔になれる

もし、あなたが言葉にとらわれ理屈っぽい生き方をしているのであれば、彼に対して頑固なイメージを与えてしまっているかもしれません。

考えてみてください。

あなたの話を10人の人が聞いて、10人が同じ解釈をして、同じイメージを受けるなんてありえません。それくらい受け取る側の意識で色んな解釈や違いがうまれるのです。

「今日のカレー美味しいね！」も「今日、なんか綺麗だね！」も、相手は褒め言葉や、愛を表現したいと思っているのに、その一番大事な「愛を伝えている、褒め言葉」を受け取らずに、「どうせなら、いつも綺麗だねといってほしい」とか、「誰にでもいっているんでしょ」と卑屈になってしまう。

それは、客観的に見れば受け取る側の問題ですよね。

今、もしあなたがそうだとするなら、これからは彼との会話の中で彼があなたに何を伝えようとしているのか、感じてみることを意識してください。

褒め言葉を褒め言葉ととらえるのも、皮肉ととらえるのも受け取る側次第です。

あなたにとって、どちらを感じたほうが人生は楽しいでしょう。

あなたの選択次第で、２人の会話が重たいものにも、軽やかで楽しいものにも変えることができるのです。

あのときなくて今あるもの

●意識の違いにあらわれている

結婚をイメージするとき「結婚＝幸せ」と、女性であれば思い描くのではないでしょうか。

結婚へのあなたの夢を壊すわけではありませんが、結婚自体があなたを幸せにはしてくれません。

もちろん、男性も「結婚＝幸せ」と思っている人もいるのですが、男女が結婚をイメージするときに、一般的には男性は女性を幸せにしたいと思い、女性は男性に幸せにしてほしいという意識が働きます。

「幸せにしたい」男性と、「幸せにしてほしい」女性。一見うまく凸凹補いあっているように見えますが、この意識の違いこそがパートナーシップに歪みをうみやすく、「結婚＝幸せ」から遠ざけてしまっていると私は考えています。

まず、女性の「幸せにしてほしい、幸せにしてもらえる」という意識の根底にあるのは、「幸せな結婚」に対しての「受け身」な姿勢です。

「どんなものがやってくるのだろう〜、与えてくれるのだろう〜」というクレクレ期待でいっぱいです。

この「受け身姿勢」が引き金となって、幸せな結婚が育めなくなってしまう可能性が高くなるのです。受け身ではいけません。あなたも男性と一緒に幸せを「創造する」と決めるのです。お互いが自発的であれば「幸せな結婚は必ずできる」と信じてください。

●目標設定は正確に

この本を読んでいるあなたには、ぜひ、幸せになってほしいと思っているので経験からお伝えしますが、私は2回の離婚で「結婚＝幸せ」ではなかったことがよくわかりました。
この気づきのおかげで「3度目に幸せな結婚」を手に入れることができたと思います。

過去2回の結婚までは、結婚さえすれば「一生幸せになれる」と「結婚することこそが女性のすべて」と信じて疑いませんでした。そしてもっと厄介な感覚は、「結婚したら『幸せ』にしてもらえる」という完全な受け身の姿勢です。

極端にいえば白馬の王子様の「君を幸せに必ずする！」という言葉にあこがれ、選ばれることこそが、「女性の幸せよぉ〜」という結婚観です。

逆に、男性は「白馬の王子」であるべきとも思っていましたし、「愛する女性のためにどこまで努力できるかが理想の男性としてのポイント。男性は女性からの評価のために頑張るべき」と思っていたのです。

今思えば「私は、何様なの？」と笑えてしまいます。

つまり私のために「男性がどんな幸せを与えてくれるのだろう」と期待で胸を膨らませていたのです。ですが、私自身が、膨らみすぎた「結婚＝幸せ」の期待に自滅していきました。

期待を膨らませた結婚生活は、数年の間はよいのですが、だんだんと葛藤がはじまります。

理想的な幸せを与えてもらっているのに、なぜか心が満たされない。理想的な結婚をしながら心が幸せと一致していないのです。

なぜこうなってしまったのかといえば、私が「幸せな結婚」のためにどうすべきかではなく、結婚さえすれば幸せになれると思っていたから。

この意識では、「結婚」すること自体が人生の目的になってしまい、幸せにフォーカスすることができてなかったために起きてしまった当然の結果だったのです。

でも、ほとんどの女性が、私と同じ「勘違いした目標設定」しているのではないでしょうか。

「勘違いリーダー」だった私からいいますと、「幸せになる」のが人生の目標であって『幸せ』になるために『幸せな結婚』を育む」という意識が、本来正しかったのです。

そして、かつての私のような相手へのクレクレ期待を過度に抱かないことが、結果として本当の幸せにめぐりあうことにも繫がっていくわけです。

相手の価値観で自分を見る

●どれだけ頑張っているかでいいのか

パートナーシップで大事なことは、「お互いが、そのままでありながら、対等な存在で、一緒に歩いていくこと」。これが基本だと感じます。

今までは、「相手のために」とか「みんなのために」とか相手や家族の期待に応えることで、「パートナーシップが成り立っていた」と思います。

ですが、繰り返しになりますが、それは「制限のある関係」を築いてしまいます。

そうなると、自分らしさはどうでもよく、人のために自分を犠牲にしたり、人の人生計画に合わせなくてはいけないと考えることになります。それが悪いといっているのではあ

りません。

ですが私たちは、人のために自分の人生を犠牲にすることで、「愛を表現」するのではなく、「そのままの自分」で愛されたいと思っているはずなのです。彼も同じです。

一方で、もし、パートナーシップについて、「自分のためにどれだけのことをしてくれるのか?」と、見返りを期待した感覚や相手の期待を満たすことが「素晴らしい」と、あなたがとらえていたとしましょう。すると、あなたは彼の「ありのままの姿」を愛するというより「私のためにどれだけ合わせ変えてくれるか、頑張ってくれるか」、そこが重要になってしまいます。

●「彼のままの存在」で受け入れる

あなたの期待に応えるかどうかを中心にして彼を見れば、「彼は彼自身」でいることが難しく、あなたへの気持ちは自然に下がってしまうのです。

なぜなら、自分自身でいられない関係は、「疲れてしまう関係」だからです。

たとえば、あなたがインドア派で彼がアウトドア派なら、そこの「違い」を合わせるためにどちらかが変わるのを期待するのではなく、ただ認めること。2人が「ありのまま」でいられることを目指して答えをさがしてみることです。

お互いの価値観を「認め」、そのうえで「あなたはどうする」という答えを出すのです。

もし彼が、過去にありのままでいさせてくれることが難しかった恋人関係や家族、職場の中で育っているとします。そのなかで、あなただけが唯一「そのままでいいんだよ」というスタンスの愛情を彼に見せることができれば、「絶大なる信頼と、愛」をあなたに感じることとなるでしょう。居心地がいいのです。

ある知人の男性が結婚した理由をこういっていました。

「今までの彼女には僕は、こうしてほしい、ああしてほしいと、いわれてきた気がする。だけど彼女は（奥さん）は、『もっと自分らしく生きて』とか『何を選んでも応援するから』とか『本当にやりたいの？』と、いつも僕らしくいることが大事といってくれる。彼女といたら『どんな自分でも大丈夫なんだ』という安心感があり、だからずっと一緒にいたいと思った」と話をしてくれました。

あなたも、「もっと、こうしたほうがいい」「もっと変えないとダメ」という男性と「そのままでいいよ」「どんな君も好きだよ」といってくれる男性。

どちらの男性と一緒にいるほうが心地いいでしょう。それは彼も同じなのです。

「引き寄せの法則」を味方につける

●意識しなくても自然と働く

さて、ここまでお読みいただいた中で、「宇宙が応援してくれる」とか「宇宙に委ねる」などの発言に、何をいおうとしているか、おわかりの方もいると思います。

実は、ここには宇宙の法則である「引き寄せの法則」のエッセンスが入っており、宇宙の法則を知って、活用してほしいという思いを込めています。

なぜなら、私自身の恋愛経験からも、すべてのことにおいて「『引き寄せの法則』が働いていた！」と確信があるからです。

あなたが信じるか信じないかは別ですが、「どうせなら『宇宙の引き寄せ』を味方につけちゃえば、いいじゃん？」と、私自身軽く思っています。

そして「宇宙の引き寄せ」を、感覚的にでも少し理解できれば、あなたは自分の発信している「波動」に、少し意識を向けながら生活ができるでしょう。

「引き寄せ」というものが理解しにくい方は、「類は友を呼ぶ」という言葉のイメージで大丈夫です。あなたには「似たもの」が、引き寄せられてやってくるのです。

「類は友を呼ぶ」ということの諺は、「引き寄せ」をあらわしています。

だからといって「引き寄せ」を理解しなければいけないということではありません。「引き寄せ」とはあなたが意識しなくても、「自然に働くもの」なので、深く理解しなくても、大丈夫です。

あなた自身が、この本を読み終わった頃、思考に変容がはじまれば、「愛と喜び」の引き寄せがはじまります。

高すぎる「期待」がもたらすネガティブな要素にあなた自身が気づき、「制限」「束縛」「負担、責任【重圧】」というようなシリアスな感情から、ゆっくり解放されていく。そうすることで、あなたは期待してしまう自分から自由になり、「恋愛の楽しさ」を思い出し、「愛と喜び」の波動で生きる女性にシフトしていけることでしょう。

すると、宇宙は基本的に、「愛と喜びが幸せの前提」でできているので、「愛と喜び」の波動を発信できる「あなた」になれば、「宇宙の愛と喜びに共鳴」し、それに値するものを「引き寄せ」はじめるのです。

●現実化するスピードが速くなっている

少しスピリチュアルなお話になりますが、この宇宙は２０１２年頃からエネルギーがシフトしているということをご存知の方も多いのではないでしょうか。

それは西暦２０００年まで続いていた、「うお座の時代から、みずがめ座の時代」へのシフトと、２０１２年12月21日におきた１３０００年ごとに繰り返す「分離」の時代から「ユニティ（統合）」の時代へのシフト。この２つのシフトのことです。

数字や詳細につきましては諸説があり、私の理解でお話しさせていただいています。

このことは書籍なども出ておりますので、くわしくはそちらでお調べいただければと思います。

確実なのは大きな宇宙のサイクルのシフトが今起きているということです。

これは精神性の高い時代へのシフトでありバランス、平等、平和、成長、フィーリングなどが重要な時代へのシフトということです。

私もスピリチュアルを勉強していて自分の恋愛に当てはめたときに、とても納得できる経験ばかりだったのです。

「私が与えるものは、私に返ってくる」ユニティの時代に入り、現実化が速くなってくる――。

強い期待など抱かなくても、

「愛を与えれば、愛が返ってきます」

「喜びを与えれば、喜びが返ってきます」

「励ましを与えれば、励ましが返ってくるのです」。


「相手のためは嫌」とか「自分ばかり損だ」と、思ってしまうかもしれませんが、それはこの時代のシフト前の「分離」の感覚です。

あなたがする行為はすべてあなたのためであり、「あなたと相手」は同じなのです。

あなたが「無条件に与える、愛や喜び」は、あなたの「豊かさ」となって返ってきます。

それは、あなたが実践する中で、あなた自身において感じていくことができるでしょう。

ゆっくり一歩ずつでも幸せは必ず待っている

●今を大切にいきていく

本章もいよいよ最後になりました。

ここまで、どうしたら期待から解放され自由になれるのか、そして彼と幸せになれるのか、についてお話ししてきました。

なぜならば、恋愛セッションをとおして、期待やブロックが彼女たちの恋愛に、自ら不安や心配を引き寄せることとなり、「恋愛自体を楽しめなくしてしまっている」ということがわかったから。そしてそのような悩みが非常に多かったからです。

私自身も「2度目の結婚」まではその1人でした。

ですが、そんな「期待」がどれだけ相手と自分にネガティブな感情を呼び、傷つけ合ってしまうのかがよくわかり、そこから学びそして開放されたとき、私自身が自立することができ、自分自身の力で幸せになれるということを知ったのです。

それは結果を期待する制限のある生き方から、自由でやりがいと満足感のある生き方へのシフトです。

「自分の正直な気持ちだけで、今を大切に生きる」ということです。

今を生きるというのは簡単なようで難しいですが、その難しささえ喜びと満足感へと繋がるのです。

「ワクワク」も「結果を期待してのワクワク」ではなく、ただ「今、なぜかわからないけどする！　ワクワクする」。それを選択するのです。

つまり「楽しいからする」「やりたいからやる！」「好きだから一緒にいる」。とてもシンプルなもので理由はいりません。プロセスを楽しむのです。

●こうして2人はずっと幸せでいられる

結果を期待してのワクワクは「本当の幸せのワクワク」とは違います。

本当の幸せに近いのは「ただ、あなたがワクワクする！」からやる！

誰かに証明する必要も理由もいりません。他人が認めなくても「彼が好き、ワクワクする！」と思えばそれだけでいいのです。


あなたの直感やワクワクは、「あなたの幸せの地図」を唯一知る、大いなる自分からの生きる道しるべなのです。


ここからは自分の直感を信頼して「今」を最大限に楽しんで生きてください。

男女平等などを社会が目指すのと同じように、「愛と喜び」で互いが共鳴した2人で平等なパートナーシップを結ぶ結婚でないと機能しない時代がやってきたのです。

これはとてもロマンチックで素晴らしいことです。

「あなたが本当に好きな人と愛と喜びで結ばれていく時代」なのです。

思考や常識を超えて、心から愛する人に愛を与える喜びが、結果的にあなたを「幸せ」

にするということを、実際に体感してほしいと思います。

そして、あなたが本当に好きな人と愛と喜びで結ばれていくことを、心より願っています。

おわりに　奇跡はまだはじまったばかりです

最後まで読んでいただき、ありがとうございます。

もしかしたら、今までの恋愛観や結婚観とは違う価値観に、戸惑いを感じてしまう部分もあったかもしれません。

この本では、恋愛関係を育むにあたって邪魔となる、「期待」を中心にお話ししてきました。「期待」は無意識に持ってしまう、「曲者」でもあります。

私自身も以前は「期待」が高い女でしたし、「期待の何が悪いの？」と思っておりました。


ですが、がむしゃらに挑んだ、いくつかの恋愛と2回の離婚という経験をとおして、「期待」が引き寄せてしまうネガティブな関係という状態や、その苦しい状況から多くのことを学んだのです。

この本をとおして、「高くなってしまう期待値」をシフトして（下げて）いくということを、感覚的につかみとってほしいと思います。

ですが、もっといってしまえば、「期待」というものの大きさや種類に関係なく、期待そのものを手放していくことが、幸せへの一番の近道になることを知ってほしいのです。

なぜなら、「期待する」ということは、「何かに頼ってしまう」ということと同じだから。

期待は、依存や執着にも繋がり、失望を招きやすいのです。

今後のパートナーシップのあり方は、「お互いが自立した存在で対等であり、すべてをシェアし歩む」という形が主流となっていくと思います。

それなのに、「期待」のある関係は「自立できない自分」を助長しているので、時代の流れと逆行してしまっています。

そのうえで、私は、「期待してしまう自分」から解放されたとき、自立と共に「愛と喜び」が増幅しているということをお伝えしたいのです。

その感覚は、制限など一切なく、自由でワクワクするもの――。

それを得たとき、私は、恋愛も人生も思い通りになりました。

まず、相手に対して、「期待してしまう自分」がいなくなることで、ネガティブな感情が生まれなくなり、苛立ちや失望や怒りが消えていきました。

そして相手に期待しないでいられるようになったとき、今までは気づかなかったほんの小さな出来事への感動や、今まで当然に見えてしまっていたことへの「感謝」や、「喜び」を感じる力が増えていきました。つまり、「幸せ体質」になっていたのです。

何も生活は変わっていないのに、「喜び多き人生」になりました。

さらに、今のパートナーである旦那さんも私の在り方に共鳴し、その結果、それぞれが自分らしい人生を歩むことにシフトすることができました。

今2人は、「お互いに期待する生き方」ではなく、自分軸でギブ&ギブの愛で生き喜び溢れる毎日を送っています。

「愛に生き、愛を与え、喜びに生き、喜びを与える」ことで、宇宙の法則や、新しい時代の流れが応援してくれる形で、多くの「愛の奇跡」を引き寄せています。

私に限らずセッションをとおして、クライアント様も恋愛はもちろんのこと、その他にもたくさんの「奇跡」を引き寄せています。

これは、はたから見て大きな変化があるということではなく、ご本人の中の変化です。日々目の前にあることに心から感謝と愛情を実感し、幸福感の高い人生へのシフトができた結果でもあります。

そして、これは、誰にでも必ずできる幸せと豊かさを引き寄せる法則の1つなのです。

最後に、「恋愛成就本」を出したいという学生時代からの私の夢を、現実化へ導いていただいた大和出版の岡田さんへ、本に関して何の知識もない私にたくさんの助言と励ましをいただきましたこと、そしてこのような機会をいただきましたことをあわせて、心から感謝申し上げます。

この本を読まれた方の、恋愛そしてパートナーシップが、「愛と喜びに溢れる日々」になることを、心より願っております。

恋愛コーチ　Ｔａｏ　Ｋａｏｒｉ

男《おとこ》が絶対《ぜったい》“手放《てばな》せない女《おんな》”になる３９の法則《ほうそく》
あるブロックを外すだけで恋はうまく回り出す！

2015年 6 月30日　初版発行
2016年 8 月31日　５刷発行

著　者……Tao Kaori
発行者……大和謙二
発行所……株式会社大和出版
東京都文京区音羽1-26-11　〒112-0013
電話　営業部03-5978-8121／編集部03-5978-8131
http://www.daiwashuppan.com
印刷所／製本所……日経印刷株式会社
装幀者……斉藤よしのぶ

ISBN978-4-8047-0499-9